NOTICE HISTORIQUE

SUR

L'ÉCOLE MASSILLON

IMPRIMERIE PILLET ET DUMOULIN

RUE DES GRANDS-AUGUSTINS, 5, A PARIS

NOTICE HISTORIQUE

SUR

L'ÉCOLE MASSILLON

(ANCIEN HOTEL FIEUBET)

PAR

Paul LALLEMAND

AGRÉGÉ DE L'UNIVERSITÉ, PROFESSEUR A L'ÉCOLE MASSILLON

PARIS

A. SAUTON, LIBRAIRE-ÉDITEUR

41, RUE DU BAC, 41

1882

A

MONSIEUR L'ABBÉ NOUVELLE

FONDATEUR ET SUPÉRIEUR

DE L'ÉCOLE MASSILLON

PRÉFACE

'ANCIEN hôtel, qui porte aujourd'hui le
nom d'École Massillon, *est situé quai des
Célestins, n° 2. Il est borné à l'est par la
rue du Petit-Musc ; au nord, par la rue des
Lions-Saint-Paul ; sa façade principale regarde le midi.
De la terrasse, l'œil embrasse un horizon aussi pittoresque qu'animé. Au bas, le fleuve, sillonné de bateaux de
transport, promenant avec majesté ses flots, qui ont vu de
si grandes choses ; les quais, avec leurs mouvements d'activité et de travail, leurs lignes de maisons et d'arbres qui
profilent leurs silhouettes jusqu'aux Tuileries ; le Jardin
des Plantes, le quartier Saint-Médard, qui s'étage pares-*

seusement sur le coteau opposé ; le Panthéon, Notre-Dame, la Sainte-Chapelle, la Cité et l'Ile Saint-Louis, si riches en souvenirs.

Car ce coin de Paris n'est point seulement privilégié par la beauté de ses paysages : il reste comme un témoin des faits les plus intéressants de notre histoire. Le décrire, c'est rencontrer à chaque pas un nom illustre, une date célèbre, un événement considérable. Le mot de Cicéron est vrai encore : « Quacumque ingredimur, in aliquam historiam vestigium ponimus. (De Finib. V. 2.) De ces rues, de ces maisons, le passé semble surgir avec tout le cortège de nos gloires nationales. Les pierres ont leur langage, et les ruines que le sol a cachées fournissent plus d'un enseignement qu'il est bon de méditer. Les contrastes entre le présent et le passé ne sont pas moins fertiles en leçons pour le penseur. Ici, aux Célestins, le clairon a remplacé la cloche qui réglait la vie des moines. Là, un hôtel banal d'où partent les Omnibus pour Montreuil s'élève sur l'emplacement de l'église Saint-Paul. Plus loin, là où les Clarisses de l'Ave-Maria faisaient entendre leurs prières, retentissent les cris des maraîchers et des femmes de la Halle. L'hôtel de la Brinvilliers donne asile aux Sœurs garde-malades de Troyes, et leur oratoire est peut-être le salon où la célèbre empoisonneuse recevait ses illustres clientes de Versailles. Les arquebuses et les *mousquets, à l'Arsenal, ont cédé leur logement à des livres. Des manuscrits s'abritent dans le salon du marquis de Paulmy... Pourtant, la Seine a toujours ses flots verts; le soleil garde ses rayons pleins de vie et de chaleur, et, quand il se couche, la vieille cathédrale de Philippe-Auguste détache, comme autrefois, dans la lumière dorée, ses lignes pures et son chevet aérien.*

On voudrait, en faisant la notice de l'ancien hôtel Fieubet, grouper quelques détails assez curieux qui ne sont point sans intérêt pour l'histoire générale. A suivre à travers les âges les destinées du terrain et des monuments qui forment aujourd'hui l'École Massillon, il y aura plus d'un profit, et, de ce voyage aux temps d'autrefois, nos élèves rapporteront peut-être une connaissance plus intime et plus émue de ce quartier de notre cher Paris.

I

LES ORIGINES

E quai des Célestins actuel doit être mentionné pour la première fois à l'occasion du siège que les Parisiens soutinrent contre les légions de César. C'était en l'an 52 avant Jésus-Christ. La Gaule tentait un effort suprême contre la domination romaine. De tous les points du territoire, nombreux, résolus et désespérés, les Gaulois étaient venus se ranger sous le brenn Vercingétorix, qui avait d'abord organisé la résistance à Gergovie, chez les Arvernes. César l'y avait suivi; mais, afin de tenir le reste de la Gaule en suspens, il avait détaché son lieutenant Labiénus vers le Nord, dont les peuplades s'étaient aussi soulevées. Leur chef était l'aulerque Camulogène, aussi brave qu'expérimenté. Il avait choisi Lutèce pour son quartier général. De Sens (*Agendicum*), Labiénus se dirigea vers Lutèce, en suivant la rive gauche de la Seine. Ce fut sur les bords de l'Essonne, ou de l'Orge, ou de la Bièvre, qu'il rencontra les troupes de Camulogène qui lui barrèrent le chemin. Labiénus rétrograde alors jusqu'à Melun (*Melodunum*), où il passe la Seine, grâce à quelques barques abandonnées dont il s'empare ; puis, redescendant le fleuve sur la rive droite, il arrive en face de Lutèce. La ville des *Parisii* était alors uniquement renfermée dans l'île de la Cité. A l'approche des Romains, Camulogène n'hésite point à mettre le feu à la ville ; il dirige les femmes et les enfants sur les hauteurs, alors boisées, qu'occupent aujourd'hui le Panthéon et le Luxembourg. Il coupe les ponts qui mettaient l'île en communication avec la rive droite (aujourd'hui *pont Notre-Dame* et *pont d'Arcole*), et, sur les ruines fumantes de Paris, il attend l'issue du duel qu'il a si héroïquement engagé avec l'ennemi. Labiénus, lui, avait établi son camp à l'endroit où s'élève l'*Hôtel de Ville* : la *porte prétorienne* regardait vers le fleuve, la *decumana* vers la rue de Rivoli. De la *porta principalis sinistra* partait une ligne de vedettes, échelonnées le long de la rivière, et dont les premiers soldats faisaient le guet précisément sur le quai actuel des Célestins [1]. Et quand, plusieurs fois par jour, j'entends passer le détachement de la garde républicaine à cheval, au sortir de la caserne des Célestins, je me demande s'il ne foule point les traces de ces cavaliers romains qui, au bord du même fleuve, surveillaient les mouvements de nos ancêtres, d'un patriotisme si exalté et si simplement héroïque...

1. Cæsar : *De Bello Gallico*, cap. vii, 57 et seq. — M. de Saulcy : *Les Campagnes de Jules César dans les Gaules*, p. 27 et suiv.; — l'*Histoire de César*, par Napoléon III ; — le *Premier siège de Paris*, par Henry Houssaye.

On sait la fin de cette campagne. N'osant enlever de front Lutèce, défendue avec tant d'habileté et de courage, Labiénus suivit la Seine jusqu'à Auteuil; il la traversa au *Point-du-Jour,* et vint présenter la bataille aux Gaulois dans la plaine de Grenelle et sur la mi-côte de Montrouge. Camulogène ne s'attendait point à cette tactique; pourtant il accepta le combat. La mêlée fut sanglante. Camulogène y périt avec presque toutes ses troupes. Effrayé d'un succès qui lui avait coûté cher, Labiénus n'entra point dans Paris et il se replia sur le territoire des Sénons, où César ne tarda point à le rejoindre.

Ce fut là le premier siège de Paris : la grande ville, alors « ville de boue », devait en connaître d'autres. Les plus terribles ennemis dont elle eut ensuite à souffrir furent les Normands. En 845, 857, 872 et 885, ces hommes du Nord, sur leurs barques rapides, remontèrent la Seine, ne laissant après eux que des ruines. Depuis la conquête de la Gaule, Lutèce s'était embellie; pourtant la Cité n'avait point encore franchi les deux bras de l'île qui porte ce nom. Des ponts de bois la réunissaient aux deux rives. Lors des premières invasions, les Normands ne purent faire passer leurs barques sous ces ponts, et leurs ravages ne s'étendirent point au delà de Paris; mais en 872, ils tirèrent leurs embarcations à terre, et, les traînant le long des quais modernes, ils franchirent l'obstacle qui jusqu'alors avait préservé l'intérieur du pillage et du meurtre. Là donc, où aujourd'hui circule le *tramway* au cornet monotone et ennuyeux, passèrent jadis ces barques aux formes capricieuses, qui se jouaient sur la mer en courroux, et dont la vue arrachait des larmes à Charlemagne vieillissant.

Avec la paix, le commerce et l'industrie prospérèrent. Paris, devenu la capitale du royaume de Neustrie, attira les produits des autres contrées de la France. La Seine, si facilement navigable, était un canal naturel par où s'effectuaient les transports des denrées dont les Parisiens avaient besoin. Vis-à-vis le lieu où aboutit le pont Sully, le fleuve, après avoir formé l'île des *Javiaux,* nommée plus tard l'île *Louviers,* — reliée maintenant au quai Henri IV, — s'enfonçait sur la rive droite en un coude très propice au débarquement. On en fit un port, surtout un port de bois à brûler. Comme aujourd'hui, les flottilles descendaient des coteaux du Morvan, et, bondissant de torrent en torrent, par le Loing et l'Yonne, se laissaient aller au courant large et puissant de la Seine [1].

Toutefois, quand Philippe-Auguste créa la première enceinte fortifiée de Paris, le port Saint-Paul n'y fut point compris. Dans ce faubourg vivait une population nombreuse d'artisans et de mariniers. Mais l'heure était venue où ce quartier allait devenir célèbre par la fondation de l'hôtel Saint-Pol [2].

---

1. *Paris à travers les âges : l'Arsenal,* par Paul Lacroix. L'histoire de ce quartier a été écrite par le savant bibliothécaire, *con amore ;* je lui ferai beaucoup d'emprunts.

2. *L'Hôtel royal de Saint-Pol,* par Fernand Bournon : *Mémoires de la Société de l'Histoire de Paris,* t. VI, 1879. Je puiserai largement à cette source.

II

L'HOTEL SAINT-POL

'EST en 1361 que Charles V, encore dauphin, acheta du comte d'Étampes une grande maison assise *lez Saint-Pol*, entourée de jardins et de préaux. Cette propriété allait de la rue Saint-Antoine au cimetière de Saint-Paul et aux jardins de l'hôtel des archevêques de Sens.

En 1362, le dauphin réunit à cette première propriété l'hôtel des abbés de Saint-Maur, et celui de Sens.

L'hôtel royal occupait donc ainsi le quadrilatère formé par la Seine et la rue Saint-Antoine d'un côté, la rue Saint-Paul et la rue du Petit-Musc. Cet hôtel en renfermait huit à dix autres, avec des jardins, des pièces d'eau et des vignes.

Charles V l'aima beaucoup. Il s'y sentait plus à l'aise qu'en son palais du Louvre, et plus éloigné des violences auxquelles la population parisienne s'était essayée naguère, sous la conduite d'Étienne Marcel. Charles avait le goût des livres et de l'étude. Nature un peu rêveuse, il ne lui devait point déplaire de trouver, aux portes mêmes de Paris, le silence et la poésie des champs, les ombrages et les eaux claires du fleuve. Ses goûts d'artiste étaient aussi satisfaits que ses tendances de politique et de roi.

« Le Roy Charles estoit droit artiste, dit Christine de Pisan, et appris ès sciences. » (VI, 25.)

Il ne faut donc point s'étonner si, en 1364, Charles V disait, dans un acte solennel, en parlant de « l'ostel saint Pôl » que c'est un « hostel de granz esbatemens, et auquel » il a eu « plusieurs plaisirs, acquis et recouvré à l'ayde de Dieu santé... pour lesquelles choses » il a « audit hostel amour, plaisance et singulière affection ». Cette affection qu'il avait pour ce lieu privilégié, Charles V la prouva par les embellissements qu'il y apporta. La principale porte d'entrée s'ouvrait sur la Seine; dans la rue Saint-Paul, l'hôtel avait aussi un grand portail, qui donnait accès à l'église. Charles V prolongea l'enceinte de Philippe-Auguste jusqu'à la tour de Billy, et son hôtel fut entouré de hautes murailles.

Sauval[1] nous en a laissé une description fort détaillée. Les appartements du roi formaient un vrai labyrinthe de chambres, parmi lesquelles on comptait : la *chambre où gist le roy*, la *grand' chambre de retrait*, la *chambre de l'estude*. C'étaient des salles vastes, très hautes, lambrissées des bois les plus rares, aux larges cheminées ouvragées de pierre sculptée. Celle de la chambre à coucher de

---

1. *Antiquités de Paris*, t. II, p. 275 et suiv.

Charles V « avait de grands chevaux ; une autre était chargée de douze grosses bêtes et de treize grands prophètes ». La reine, le duc d'Orléans, le duc de Bourgogne, les ducs et duchesses de Valois et de Bourbon, les princes et les princesses du sang avaient des appartements d'un luxe qui n'était pas moins splendide que ceux du roi. D'autres chambres s'ouvraient, non moins belles, non moins ornées, où l'on tenait soit le lit de justice, soit le conseil royal. Et, pour communiquer d'un appartement à un autre, on traversait de nombreuses galeries. Les unes entouraient les jardins comme d'un cloître d'où l'on jouissait de la vue des arbres ; les autres avaient été établies aux étages supérieurs.

Les oratoires se multipliaient aux mille détours de ces corridors et de ces galeries. Sauval décrit surtout avec enthousiasme la chapelle de la reine, où « depuis le lambris jusque dans la voûte étoit représentée sur un fond vert, et dessus une longue terrasse qui régnoit tout autour, une grande forêt pleine d'arbres et d'arbrisseaux... entremêlés de lis, de flambes, de roses et de toutes sortes d'autres fleurs ». Plus tard, Charles VI faisait peindre sa chapelle par François d'Orléans, artiste célèbre de ce temps.

Une des merveilles de ce palais, c'étaient les jardins, traversés par des eaux vives, où des fontaines mettaient l'agrément de leurs flots jaillissants et limpides, et dont les bassins voyaient s'ébattre des troupes de poissons. Les fleurs et les arbres jetaient leur parure variée sur le fond monotone des « *préaux* ». Quand avril, à ces allées de cerisiers — qui ont donné son nom à la rue de *la Cerisaie,* — attachait leur draperie parfumée et neigeuse, le fils de Louis d'Orléans, Charles, d'une culture si exquise, leur empruntait peut-être les premiers traits de cette gracieuse description :

> Le temps a laissié son manteau
> De vent, de froydure et de pluye,
> Et s'est vestu de broderye,
> De soleil raiant cler et beau...
>   Rivière, fontaine et ruisseau
>   Portent en livrée jolye
>   Goultes d'argent d'orfavrerie...

Des haies couvertes de treilles serpentaient emmy les jardins; (le souvenir s'en conserve dans le nom de la rue *Beautreillis*). Des vignes fameuses produisaient un excellent vin, appelé *vin de l'Hôtel*. Ces jardins retentissaient du chant d'oiseaux nombreux et rares, tandis qu'en des cages solidement construites des lions emprisonnés regrettaient les sables du désert. « Sous Charles V, dit M. Bournon, les lions étaient célèbres jusqu'au delà du Rhin; on en avait dû parler à l'empereur d'Allemagne, Charles IV, et à son fils; car, lors du voyage de 1378, ce fut la première préoccupation du roi des Romains d'aller voir les lions de Saint-Pol[1]. »

C'est en mémoire de cette ménagerie que le quartier a encore aujourd'hui la rue *des Lions-Saint-Paul*. Rien ne manquait à l'hôtel royal pour en faire un séjour « de plaisance » et de repos. Les joies délicates de l'esprit s'ajoutaient à ce confortable, qu'on ne retrouve plus dans les hôtels froids et majestueux du xviie siècle. Lettré, ami des arts, passionné pour les fines miniatures et les belles éditions, Charles V s'entourait de tout ce qui pouvait charmer la vie : artistes en renom, poètes, ouvriers en tapisseries et en orfèvrerie; les camaïeux, les joyaux, les armes ha-

---

1. *Mémoires*, t. VI, p. 106.

bilement ouvragées abondaient dans ces salles somptueuses.

Par le rêve, on ressuscite cette cour occupée d'arts et de sciences. On refait par l'imagination ce cadre de verdure et de palais, de jardins et de tours crénelées, au milieu duquel se montre ce roi qui connaissait les sept arts et la théologie aussi bien qu'homme d'église. Dans quelles allées d'arbres, aujourd'hui disparues, se promenait-il, engageant quelque docte conversation avec Raoul de Presle, qui traduit la Bible en langue vulgaire, avec Nicole Oresme, qui traduit la *Politique* d'Aristote, avec Philippe de Vitri, qui « moralise » en rimes françaises les *Métamorphoses* d'Ovide ? Un jour, on lui reprochait de trop aimer les « clercs » ; il répondit : « Les clercs, où a sapience, l'on ne puet trop honorer, et tant que sapience sera honorée en ce royaume il continuera à prospérité ; mais quant déboutée y sera, il decherra [1]. » Où accueillait-il Pétrarque ? Où aimait-il à donner audience à son huissier d'armes, Eustache Deschamps, poète à la langue rude encore, mais dont l'accent vibre, si patriotique et si fier ? N'était-ce point sous une de ces tonnelles feuillues qu'Eustache consolait le roi vieilli de la mort de Du Guesclin, en lui récitant ces beaux vers ?

> Estoc d'oneur, et arbres de vaillance,
> Cuer de lyon esprins de hardement,
> La flour des preux et la gloire de France,
> Victorieux et hardi combatant,
> Saige en vos fais, et bien entreprenant,
> Souverain homme de guerre,
> Vainqueur de gens et conquéreur de terre,
> Le plus vaillant qui oncques fust en vie,
> Chacun pour vous doit noir vestir et querre :
> Plourez, plourez, flour de chevalerie !...

1. *Christine de Pise*, 3e part., ch. xiv.

Charles V était pieux : dès sept heures du matin, il entendait la messe ; il récitait l'office canonial avec son chapelain, et pendant toute l'année il gardait cette régularité presque monastique, qui partageait son temps entre l'étude, la prière et ses devoirs de roi.

Charles V, en mourant, laissait le trône à un enfant de onze ans, et la folie prenait ce jeune roi à l'âge de vingt-trois ans. Époque lugubre !... Charles VI vécut presque toujours dans l'hôtel Saint-Pol. Cette demeure royale est donc comme le centre des événements qui remplissent ce règne ; et quels événements ! Le souvenir en est resté vivant et plein de larmes. Révoltes sur révoltes à l'intérieur : les Maillotins, les Marmousets, les Cabochiens ! L'ennemi en France : Azincourt et le traité de Troyes ! Du sang encore et toujours du sang ! Clisson est assassiné ; Louis d'Orléans meurt comme lui. Toutes les souillures, gagnant du petit au grand, montent comme une mer en furie et emportent dans leurs flots déshonorés — déluge sans pareil ! — les classes de la France : princes et villageois, ducs et écoliers, reine et vilaines. Charles VI, plongé dans la démence, n'a des éclaircies de raison que pour pleurer sur les malheurs de son peuple et les déshonneurs de son palais. A la fin de son règne, la famine et la peste s'unissent pour jeter la mort dans les villes et les villages que la guerre n'a point totalement vidés. Jours sombres et désolés, sur lesquels rien ne sourit, comme en ces hivers dont le ciel toujours voilé ne s'illumine même point d'un rayon de soleil et d'une échappée vers l'azur.

C'est auprès de l'hôtel Saint-Pol, à l'entrée de la rue Culture-Sainte-Catherine[1], que Pierre de Craon

1. Aujourd'hui rue Sévigné.

poignarde le Connétable. Quelques mois après, on célèbre le *Ballet des Ardents,* où le roi faillit mourir dans les
flammes.

Un peu plus tard, dans la rue Barbette (23 novembre 1407),
Louis d'Orléans tombe sous les coups du duc de Bourgogne.
« L'hôtel Saint-Pol, dit **M.** Paul Lacroix, qui avait retenti
de tant de joyeux éclats, qui avait brillé de tant de pompes et
de splendeurs, sembla se couvrir d'un voile de deuil et se
changer en une sombre et silencieuse prison après le meurtre
du duc d'Orléans[1] ». De 1411 à 1413, Charles VI réside
en son hôtel, plutôt comme un prisonnier que comme un
roi : les bouchers, sous la conduite de Simon Caboche,
venaient l'y menacer, malgré les créneaux et les meurtrières
des remparts. Abandonné des siens, quoique toujours cher
au peuple, Charles VI mourut à l'hôtel Saint-Pol, le
20 octobre 1422. La reine Isabeau de Bavière, qui vécut
encore treize ans, y acheva aussi sa triste vie. Tant de
lugubres souvenirs, qui hantaient les murailles du palais, ne
devaient point, semble-t-il, y attirer Charles VII, d'esprit si
folâtre et d'humeur si joyeuse. Après l'expulsion des Anglais,
quand il rentra dans Paris, ce fut à l'Hôtel-Neuf, vis-à-vis
l'hôtel des Tournelles, qu'il descendit. L'hôtel Saint-Pol fut
dès lors presque inhabité. Louis XI en commença le démem-
brement, qui ne se continua point sous Charles VIII et
Louis XII.

Mais François Ier y porta la dernière main. Le Louvre
s'était embelli, et autour du palais nouveau les habitations
se pressaient, plus conformes aux goûts d'élégance et d'art
favorisés par la Renaissance.

1. *Op. laudat.*, p. 20

En 1516, le roi aliéna au profit de Jacques de Genoilhac, son grand-maître d'artillerie, la plus grande partie de ce « grand hôtel, fort vague et ruineux ». Puis, en 1542, il fit mettre en vente à la criée le reste de ces manoirs et terrains « inutiles, inhabitez et délaissez, en ruyne ou décadence », qui ne sont bons « qu'à empescher et difformer grandement ladite ville de Paris ». Ainsi passèrent à d'autres propriétaires les hôtels de Bourgogne, d'Artois, de Flandre, d'Étampes, ainsi que l'hôtel de la Reine avec ses « appartenances et places vagues joignant les murs du quai de la rivière de Seyne, au-dessoubz des Célestins, vulgairement appelez le « *trotoir du Roy* ». François Ier anéantissait d'un trait de plume, et par sa volonté souveraine, une œuvre que Charles V avait eu la prétention de faire éternelle.

Qu'y avait-il à l'endroit où se dresse aujourd'hui l'École Massillon ? Un des plus anciens plans de Paris que nous ayons, celui de Ducerceau, prouve qu'à la date de 1555 des maisons occupaient cet emplacement.

Avant l'aliénation totale de cette portion de terrain qui longe le quai des Célestins, de la rue Saint-Paul à la rue du Petit-Musc, les dépendances de l'hôtel royal devaient certainement aller jusqu'aux murs de l'enceinte crénelée. Tout un monde de valets trouvait à s'occuper dans ces *communs* d'une maison si splendidement pourvue des raffinements de la vie commode et somptueuse. La lingerie, la buanderie, le bûcher, la charbonnerie, les celliers avaient comme des édifices spéciaux, ainsi que les écuries et les réserves de grains et de fourrages. Cette portion de l'hôtel contiguë aux Célestins était peut-être affectée à l'un de ces divers services. Elle était l'une des trente-six places qui, en 1544, avaient été divisées dans l'*hôtel de la Reine,* — où une rue avait déjà été percée,

celle des *Lions-Saint-Paul,* — et qui furent mises en vente ;
car, d'après M. Bournon, on donnait le nom d'hôtel de la
Reine à « tout ce qui restait des bâtiments non encore vendus
, entre la rue Saint-Paul et la rue du Petit-Musc[1] ».

1. *Op. laudat.*, p. 86.

III

L'HOTEL FIEUBET

’HISTOIRE ne dit rien des propriétaires de l'ancien hôtel Fieubet. Les terrains qui en dépendirent appartenaient. et à la famille de Senneterre, et aux Philippeau ou Phélyppeaux. Henri de Senneterre fut ambassadeur en Angleterre. Bussy-Rabutin rapporte de lui un mot assez piquant : « Ne savez-vous pas, écrit-il en 1654, à Mme de Sévigné, ce que disait le vieux Senneterre, homme d'une grande expérience et du meilleur sens du monde, que les gens d'honneur n'avoient point de chausses? [1]. » Le fils de ce vieux Senneterre joua un rôle considérable pendant les guerres de Louis XIII, et celles qui illustrèrent les débuts de Louis XIV : avec Condé, avec Turenne, il porta son courage et son activité sur les champs de bataille les plus fameux. Fait duc de la Ferté, il

1. *Lettres de Mme de Sévigné*, édition Régnier, t. I, p. 374.

2.

mourut maréchal de France, chargé d'honneurs et d'années.

En 1630, l'hôtel portait le nom d'Hôtel d'Herbault. Il était habité par Balthasar Phélyppeaux, seigneur d'Herbault[1], qui le tenait du partage de la succession de Raymond Phélyppeaux. Il le céda, en 1664, à son frère l'abbé Phélyppeaux, qui était pourvu des abbayes de Bourgmoyen, près Blois, et de Saint-Laurent. Ce fut à lui que Gaspard de Fieubet acheta cette maison, le 23 juin 1676, par contrat passé devant Me Benjamin Moufle, pour la somme de 80,000 livres. Elle relevait de la *censive* directe du roi, et, chaque année, son propriétaire devait, le jour de la Saint-Remi, payer un impôt de 3 livres 3 deniers.

Ces noms des Pontchartrain, des Fieubet, des Ardier, des Boula de Mareuil que nous venons d'écrire ou que nous allons rencontrer, appartiennent à cette noblesse de robe, qui n'est pas une des moindres gloires de notre vieille France. Jamais, peut-être, autant que sous Henri IV, Louis XIII et Louis XIV, d'aussi grandes figures ne relèvent l'histoire de la magistrature; l'impartialité, la dignité du caractère, cette attitude correcte, respectueuse du devoir, mais soucieuse aussi du maintien de tous les droits, cette ferme obstination dans la conduite qui a été mûrement choisie, persistent comme un héritage sacré chez tous les magistrats de ces règnes. Grâce à eux, les temps troublés des révolutions n'anéantirent point, en France, les notions de l'obéissance et du respect. Ils purent, au prix de vaillants efforts, garder intacte la majesté de la justice. J'ajouterai pourtant qu'avec Louis XV l'austérité de cette vie consa-

----

1. *Histoire généalogique*, etc., par le P. Anselme, t. IX, p. 314 et 335.

crée aux études juridiques se gâta par le venin janséniste. L'excès de tant de belles et nobles qualités devint un vice.

Les Fieubet étaient d'origine toulousaine et ils s'étaient distingués dans la robe. Celui qui le premier fut appelé à Paris se nommait Gaspard de Fieubet, seigneur de Cendrey, baron de Launac. En 1629, le 8 décembre, il obtenait les lettres d'honneur comme secrétaire du roi; il était déjà conseiller au conseil d'État et trésorier de l'Épargne.

Il semble qu'à cette époque la fortune ait réservé ses meilleures caresses pour les gens du Midi. L'Académie française reçoit, dès sa naissance, Pellisson, Esprit, Balzac et Fléchier. Leur esprit vif, leur ténacité à mener un plan déterminé, leur humour en face d'un échec, leur rire franc et jovial leur ouvraient tous les rangs; les Fieubet, Gascons dans l'âme, se poussèrent tant qu'ils finirent par arriver. Peut-être en avaient-ils le droit. Le Languedoc leur doit un souvenir reconnaissant : l'un d'eux fonda dans une de ses terres un hôpital qu'il dota de 12,000 livres de rente [1].

Celui dont l'histoire fait mention pour la première fois, Armand de Fieubet, prononça un jour une parole qui l'honore autant que ses talents de magistrat. Après avoir visité de splendides tapisseries que le cardinal de Joyeuse lui montrait avec une trop heureuse fierté, Fieubet lui dit : « Si votre Éminence voulait venir chez moi, dès demain, je pourrais vous en faire voir de plus belles. » A l'heure fixée, le cardinal accourt, avec l'impatiente curiosité d'un amateur émérite. Fieubet alors, lui montrant dans sa cour une foule

---

1. *Panégyriques des saints*, par l'abbé Anselme, 3 vol. in-12. Paris, 1718, chez Giffart; t. III, p. 501.

de pauvres qu'il nourrissait chaque jour: « Voilà, Monseigneur, dit-il, des tapisseries plus animées que les vôtres. » Le cardinal comprit, et imita le courageux magistrat, qui, à seize siècles de distance, faisait revivre la fierté de saint Laurent, étalant ses pauvres, comme autant de précieux trésors. Un autre Fieubet mourut, en 1686, premier président au parlement de Toulouse ; ami de Le Tellier et de Colbert, il mérita cet éloge de Louis XIV, qui dit, en apprenant sa mort, que « c'était un des plus grands juges de son royaume, et qu'il aurait beaucoup de peine à trouver un sujet de ce mérite pour remplir la place qu'il avait tenue [1] ».

Gaspard de Fieubet est digne d'être tiré de l'ombre, où jusqu'ici il reste enseveli. « Magistrat très capable, dit Saint-Simon, d'un esprit charmant, dans le plus grand monde de la ville et de la cour et dans les meilleures compagnies, recherché par toutes les plus distinguées, quelquefois gros joueur... c'était un homme de beaucoup d'ambition qui se sentait du talent pour la soutenir, qui soupirait après les premières places [2]. » Intrigant, ami des arts et des lettres, lié avec les hommes les plus spirituels de son temps, Fieubet traverse la partie la plus brillante du grand siècle. Mme de Sévigné lui donne son amitié ; Marie-Thérèse le nomme son chancelier. Poète à ses heures, il écrit aussi bien en français qu'en latin. Montplaisir, frère de la maréchale de Créqui, Subligny, d'Ablancourt, Conrart, Charleval, Saint-Pavin, La Fontaine l'honorent de leur affection. Il ouvre sa maison aux hommes de lettres les plus renommés, et, dans leur docte compagnie, il fait une figure honorable. Enfin après une vie

---

1. *Biographie toulousaine*, t. I, p. 228.
2. *Saint-Simon*, t. III, p. 35-36. Hachette, 1864.

agitée, où les lettres, les plaisirs, les affaires avaient été me-
nés de front, il se retire aux Camaldules de Grosbois, et il
meurt saintement.

Il naquit, en 1626, à Toulouse, où il reçut une éducation que les belles-lettres et le droit firent aussi brillante que solide. Dans la cité qui avait vu créer les *jeux
floraux* et qui se pouvait glorifier d'une des plus savantes
universités de France, le jeune Fieubet prit de bonne
heure le goût des choses de l'esprit. Plus tard, il suivit à
Paris son père, nommé secrétaire du roi. C'était un champ
plus vaste pour déployer librement ses riches qualités et
il mit à profit les avantages de sa fortune nouvelle. Le
8 mai 1649, il entre comme conseiller au parlement de
Paris. Ce corps venait de s'illustrer lors des troubles de
la Fronde, et, à cette heure même, les nuages qui assom-
brissaient l'horizon politique n'étaient point dissipés.
Entre Mazarin, les princes et la reine, la lutte continuait,
tantôt plus sourde, tantôt plus ouverte, mais toujours dan-
gereuse pour le bien public et inquiétante pour le salut
national.

Fieubet, sans doute, se montra à la hauteur de sa
tâche délicate. Il était maître des requêtes, en 1654, lorsque
Louis XIV pénétrait dans la salle du Parlement, en équipage
de chasse, de grosses bottes aux pieds, et interdisait à la
Grande Chambre de se réunir désormais.

En 1671, Fieubet devient chancelier de la reine Marie-
Thérèse. Cette charge lui donnait accès à la cour; il avait le
privilège de suivre la souveraine partout où elle allait. Il vit
donc de près ces premières années de Louis XIV, si pleines
de promesses, si retentissantes de bruits de victoires, de fêtes
et de passions.

Fieubet se maria à sa cousine germaine, Marie Ardier, fille de Paul Ardier, président de la Chambre des comptes. Elle sut inspirer à son mari une tendre et constante affection : elle devait avoir de grandes qualités de cœur et d'esprit, car elle était laide. Un couplet injurieux du chansonnier de Maurepas ne lui ménage pas ce reproche, dans ces vers quelque peu grossiers :

> Dis-moi donc, Fontraille,
> As-tu jamais veu marmouset
> Ny visage qui vaille
> La Fieubet[1] ?

Il ne manqua au bonheur parfait des deux époux que d'avoir des enfants.

En 1676, on l'a dit, Gaspard de Fieubet achetait la propriété du quai des Célestins. Ce quartier s'embellissait depuis des années : à cette époque, il était le rendez-vous de l'aristocratie, et l'élite de la société multipliait les riches et somptueux hôtels dans les rues voisines de la place Royale. Fieubet voulut se construire une demeure digne de son rang et de sa fortune. C'est à Jules-Hardouin Mansart qu'il confia le soin de dresser les plans du nouvel hôtel. Neveu de François Mansart, l'éminent artiste trouvait aux environs des souvenirs de son oncle. Le premier monument que celui-ci signa fut en effet l'église de la Visitation, qu'il avait commencée en 1631, dans la rue Saint-Antoine. Cet édifice a survécu aux révolutions[2], qui en ont renversé tant d'autres. Le dôme, quoique lourd, a une courbe d'une rare élégance : il fut le second qu'on ait vu à Paris[3] : le

---

1. Maurepas. *Chansonnier*, t. XXII.

2. C'est aujourd'hui un temple calviniste.

3. La première coupole est celle de l'église des Carmes, construite en 1620.

LA PERSPECTIVE DE LA MAISON DE M. FIEUBET, sur le Quay de St Paul près l'Arcenal, est peinte contre le Pignon d'un mur mitoïen devant une Terrasse à hauteur du premier Etage. Cet Hôtel qui est du dessein de M. Mansart, est enrichi par ce morceau d'Architecture feinte, dont le percé est si vraisemblable, que lors qu'on est au point de vene, il semble que l'Aile droite soit de pareille largeur que la gauche, quoy qu'elle n'ait que la moitié. C'est une espece de Portique antique d'Ordre Corinthien fort regulier et peint à fresque de fort bon Goût par le S. Rousseau. La Statue de Pallas et les figures du Tems, du Soir et du Matin qui accompagnent le Cadran au Soleil, sont de M. Blanchart. ⁂ Le Quay Dauphin de l'Isle Nôtre Dame.   A Paris Chez N. Langlois, rue S. Jacques à la Victoire.   Avec privilege du Roy.

Pirou. Phot.   Imp. Dorval.

troisième est celui de la Sorbonne, qu'éleva, sur les ordres de Richelieu, en 1635, Charles Lemercier. Mansart fut ensuite appelé à continuer l'hôtel Carnavalet (1634), que Ducerceau avait repris d'après les dessins de Pierre Lescot. Non loin du quai des Célestins enfin, François Mansart avait, rue de Jouy, présidé à la bâtisse de l'hôtel d'Aumont, et du portail des Minimes, place Royale.

Les travaux de l'hôtel Fieubet étaient terminés en 1681. Dans l'édifice tel qu'il existe aujourd'hui, on peut encore reconnaître tout ce qui sortit des mains de Mansart.

L'hôtel se composait d'un bâtiment principal, flanqué de deux ailes. Malgré les cariatides et les ornements d'assez mauvais goût dont le dernier propriétaire a écrasé le monument primitif, il est pourtant facile encore d'en reconnaître le dessin original. Cette façade qui regarde la Seine et qui a été si malheureusement gâtée, par la pensée, on la revoit majestueuse dans sa régularité. La façade sur la cour n'a point été endommagée. Voilà bien la grande ligne, un peu froide, mais si correcte, si en harmonie avec les goûts et les habitudes du XVII⁰ siècle. On aime cette simplicité de grand genre, cette distinction de bon goût, cette sobriété dans l'ornementation qui rappellent la phrase limpide, solennelle pourtant, grave et harmonieuse d'un Racine ou d'un Bossuet.

Fieubet invita les artistes les plus fameux à la décoration de son hôtel, afin qu'il abritât dignement les visiteurs illustres qui s'y presseraient un jour. Avec les écrivains, peintres et sculpteurs exposaient alors leurs chefs-d'œuvre aux regards de la cour ravie. Mais quand ils avaient embelli un palais royal, ils ne dédaignaient point de vouer leur pinceau ou leur ciseau à de simples particuliers. Le Sueur qui, avec

Lebrun, a peuplé tant d'hôtels de ses charmantes créations, travailla à décorer la maison de Fieubet. Rivaux en art, mais rapprochés par une estime mutuelle, ces deux peintres semaient leurs brillantes fantaisies dans ces somptueuses demeures, dont la noblesse, ou de robe ou d'épée, à l'imitation de Louis XIV, couvrait Paris. De l'hôtel Lambert, Le Sueur vint chez Fieubet ; il apportait la pureté du dessin, le sentiment dans la composition, un idéal de grâce chaste et sévère qu'il semble avoir emprunté à Raphaël ; Lebrun, au contraire, se jouait avec les difficultés du coloris et traduisait par son pinceau cette pompe, cette majesté quelque peu théâtrale dont Louis XIV était si épris. Le Sueur décora le rez-de-chaussée de l'hôtel Fieubet, où il peignit l'*Histoire de Tobie* : dans les salons du premier étage, il retraça divers traits de l'*Histoire de Moïse*, entre autres : *Dieu apparaissant dans un buisson ardent*, sujet qu'il répéta chez Mme de Tonnay-Charente, rue Neuve-Saint-Merry.

C'était au plafond que Le Sueur avait raconté ces épisodes bibliques, dans ce style châtié et pur, qui est comme la caractéristique de son génie. Qui n'admirerait encore la souplesse et la fécondité de son imagination ? Pendant que, sur la rive droite de la Seine, il évoquait sous son pinceau les grandes figures de Moïse et de Tobie, de l'autre côté, chez le président Lambert, il faisait sourire, aux murs du *Cabinet des Muses* et du *Cabinet des Bains*, les plus gracieuses légendes de la mythologie grecque.

Autour de ces plafonds, les frises couraient, rehaussées d'or, variées par des bas-reliefs peints de bronze. Aux murs flottaient ces tapisseries merveilleuses que la manufacture royale des Gobelins renouvelait avec tant d'art et de succès.

Sur les portes aux lambris dorés, se détachaient des fleurs, des oiseaux, des génies dont l'œil suivait les fins caprices aux mille couleurs. Tout était savamment combiné pour aviver les joies de l'esprit, donner plus de charme au plaisir de la conversation, rendre plus séduisante la vie de la société, si intense alors et si universellement répandue.

L'œuvre de Le Sueur à l'hôtel Fieubet n'a point complètement disparu. Le musée du Louvre, aujourd'hui encore, en possède un précieux fragment : c'est le tableau qui a pour titre : *Le père de Tobie donnant des instructions à son fils.* Un bâton de voyage à la main, le jeune Tobie descend les marches de la maison qu'il va quitter, et, penché à son oreille, son père semble lui indiquer la route qu'il doit suivre. Ce groupe offre des attitudes d'un naturel et d'un sentiment exquis; Le Sueur s'y montre dans toute la vigueur de son génie. D'autres peintures embellissaient ces salons. Vicotte, maître de Lebrun, y avait représenté : *Minerve conduisant Achille au temple de la Gloire.*

La distribution des pièces a été complètement renouvelée. On entrait dans la cour par la porte cochère, restaurée en 1764. Les deux sphinx qui en gardent chaque entrée furent les premiers exécutés à Paris. Le Maire [1] les décrit avec admiration quand il dit : « Au-dessus de la porte, l'on voit deux monstres très bien travaillés; ils ont le visage d'une fille, le corps d'un chien, les griffes d'un lion et la queue d'un dragon. » A droite, une terrasse bordait le mur, au long du quai, jusqu'à la rue du Petit-Musc. Là, se tenait le suisse vêtu des livrées de la reine, et pour l'entretien duquel Fieubet touchait 500 livres au budget particulier de Marie-Thé-

---

1. Le Maire. *Paris ancien et nouveau,* 1685; t. III.

rèse[1]. Les écuries, les *communs*, s'espaçaient à l'endroit où aujourd'hui se trouvent les cuisines de l'École Massillon. Au pavillon de gauche sis sur la cour, après avoir gravi cinq marches, on rencontrait le grand escalier, que Germain Brice dit « être percé fort avantageusement, orné de bustes sur les trumeaux entre les croisées[2] ». Il montait jusqu'au premier étage seulement, — ce qui avait permis de disposer les appartements en enfilade ; — le plafond en était cintré avec une calotte ovale, autour de laquelle une bordure en pierre vive rappelait les armoiries des Fieubet et des Ardier. Une rampe en fer forgé et sculpté s'élevait légère et gracieuse, comme un cep de vigne qui déroule sa verdure autour d'un arbre au tronc vigoureux.

La chapelle actuelle s'appelait la *salle des Glaces*. Neuf grandes glaces y éclataient, hautes et brillantes ; deux trumeaux, chacun de douze glaces, complétaient ce féerique ameublement. Au-dessus, la corniche de marbre renfermait les portraits des reines de France ; des lettres d'or redisaient leurs vertus et leurs gloires. Les fenêtres de cette salle, qui était probablement la galerie des Fêtes, donnaient accès à une balustrade d'où l'on découvrait « de nombreux lointains richement décorés[3] ».

1. *Archives nationales*, O¹ 3714. « Trésorier général de nos maisonset finances, vous paierez au sieur de Fieubet, conseiller ordinaire au conseil d'état du Roy, notre très honnoré seigneur et époux, et notre chancelier, la somme de cinq cents livres pour son remboursement de la nourriture et entretenement d'un suisse, vestu de nos livrées, servant à la garde de la porte du logis de notre dit chancelier, pendant ladite présente année et du dit jour. 12ᵉ jour d'avril 1678, signé : Marie-Thérèse, Colbert. »

2. Germain Brice, 8ᵉ édition, 1725 ; t. II, p. 3o8.

3. G. Brice, *loco citato*. J'ai trouvé ces détails dans un inventaire

Le rez-de-chaussée — car le vestibule n'est point du plan original de Mansart — était occupé par la salle à manger et ces salons dont il a été question plus haut. Au premier étage, chambres à coucher, cabinets de toilette se succédaient les uns aux autres : de plus, il y avait une chapelle, dont l'emplacement est certain. Sur la façade qui fait l'angle de la maison, rue du Petit-Musc, en retour vers l'Ouest, on voit encore une saillie en pierre : sous ce petit dôme, alors cintré, s'abritait l'autel de l'oratoire; dans le retable, on admirait un beau crucifiement en cuivre, et « les murs étaient décorés de quantité de panneaux en pilastres de peintures[1] ». Deux autres escaliers conduisaient aux étages supérieurs, jusqu'aux mansardes, laissées aux domestiques. Celui de gauche a été conservé; de l'autre, à droite, il ne reste plus que la cage demi-ovale. Les bahuts, les vases d'onyx, les meubles sortis des ateliers de Boule, les bustes de marbre remplissaient ces salles lumineuses et aérées. Plus tard, à la fin du xviie siècle, on pouvait y admirer des tapisseries qui représentaient les personnages des fables de La Fontaine[2].

Là, où aujourd'hui, dans leurs fols ébats, courent trois cents enfants aux cris pleins d'entrain, le gazon étalait ses quatre pelouses de verdure, entourées de statues et de fleurs. Au fond de la cour, un splendide jet d'eau à cinq branches ne se taisait « ni jour ni nuit ». Fieubet, en effet, en 1678, avait obtenu des prévôts des marchands et des échevins de Paris « un cours d'eau en superficie de quarante lignes

de 1751, qui est aux archives du château de Puiseux. M. le comte de Mareuil me les a généreusement communiquées; je lui renouvelle ici l'expression de ma reconnaissance.

1. Inventaire susnommé.
2. *Ibid.*

d'eau[1] ». La *salle des Bains* a été remplacée par le local
réservé aux exercices de la gymnastique : les allées fleuries
qui ont vu se promener Mme de Sévigné et la comtesse de
la Suze, depuis longtemps, sont enfouies sous le gravier
où passent et repassent de joyeux écoliers mutins.

Dans l'hôtel Fieubet, « ce que les curieux admirent le plus,
ajoute Le Maire[2], est la *Perspective* sur le mur voisin, peinte
à fresque, avec beaucoup d'imagination, par M. Rousseau.
C'est une espèce d'architecture composée de deux arcades,
avec des colonnes et une statue entre-deux; au-dessus il y a
un quadran au soleil, entouré de figures. Une femme, entre
autres, arrache les plumes de la queue d'un coq, pour mar-
quer les heures sur une table, et le temps est au-dessus qui
semble approuver ce qu'elle fait ». Ce goût des perspectives
est une mode italienne qui s'introduisit en France après les
guerres d'Italie. Horace nous apprend que, de son temps
déjà, les Romains se consolaient, en pleine cité, de n'avoir ni
ombrages, ni rivières, en simulant par la peinture des arbres
et des eaux vives. Lui, du sein de son frais et riant Tibur,
raille cette innocente manie et y voit une preuve que l'amour
de la nature s'impose malgré nous, et obsède, sous une
forme ou sous une autre, ceux-là même qui la repoussent :

Naturam expellas furca, tamen usque recurret[3].

Toute trace de la fameuse perspective est à jamais anéantie
à l'hôtel Fieubet. Rousseau y avait eu pour collaborateur
le peintre Louis-Gabriel Blanchard, qui s'est acquis un

1. Inventaire susnommé.
2. Le Maire. *Paris ancien et nouveau*, t. III.
3. Boileau ne s'est-il pas lourdement trompé, quand il traduit ainsi
ce vers

Chassez le naturel, il revient au galop.

certain renom pour avoir fait le plafond de la salle de Diane
à Versailles, et avoir orné quelques-uns des salons de l'hôtel
de Soubise[1]. Une terrasse remplaçait les appartements du
second étage, dans l'aile droite de l'hôtel. C'est là, sur le
mur mitoyen de la maison voisine, que s'étendait la perspective de Rousseau[2].

1. Aujourd'hui, musée des Archives.
2. Je l'ai retrouvée dans Pérelle. grâce aux indications de M. Jules
Cousin, bibliothécaire de la ville de Paris, à qui j'adresse mon plus
cordial remerciement. On peut, page 26, voir la photogravure de cette
perspective.

A CONSILIIS LIBELLORV SVPPLICV MAGISTER ET REGINA CANCELL ARIVS CVSPINDE FREHERE REG. A SANCTORIBVS
C. le Feubure Pinx.
R. Piera Sculp. 1880
Picou. Phot
Imp. Dorval.

I V

GASPARD DE FIEUBET

TEL est le cadre vraiment princier où nous apparaît Gaspard de Fieubet. On me permettra maintenant d'essayer son portrait, en le replaçant dans le milieu social qui l'entoure, et en évoquant autour de lui quelques-uns de ses contemporains qui furent ses amis et ses familiers.

Le XVIIe siècle se distingue surtout par le culte des choses de l'esprit. La pensée règne avec un empire absolu sur cette société éprise des plus délicats problèmes qui puissent agiter l'âme humaine. Les débats philosophiques pénètrent dans les salons, grâce à Descartes et à Pascal. C'est l'idée, plutôt que le sentiment, qui inspire et soutient le théâtre de Corneille. Par le jansénisme et par le quiétisme, les discussions théologiques les plus ardues s'imposent à l'attention universelle. Ce siècle peut à bon droit — et c'est là sa force et sa gloire — répéter le mot de Térence :

Homo sum et nihil humani a me alienum puto.

Cette prédilection pour la faculté la plus noble de l'âme — la pensée — explique les caractères de la littérature du xviie siècle : simple, lumineuse, austère, elle n'accepte l'image que pour rendre l'idée plus nette, et la métaphore, que pour donner plus de vie et de relief à ce qui provient de la raison. Le xviie siècle littéraire est tout entier dans cette belle parole de Fénelon : « L'homme digne d'être écouté est celui qui ne se sert de la parole que pour la pensée, et de la pensée que pour la vérité et la vertu[1]. »

C'est aussi de cet amour pour l'idée sous sa forme la plus élevée que naît ce goût général pour la poésie. Trop souvent, dans notre grand siècle classique, les *chefs du chœur*, selon l'expression de Montaigne, nous captivent au point de nous faire dédaigner ceux qu'ils enveloppent dans leur gloire. Au second et au troisième rang, il est pourtant des écrivains dignes d'intérêt. Je ne sais si jamais on fit tant de vers qu'au xviie siècle. De ces poètes, Boileau a ridiculisé les uns et oublié les autres : peut-être ne méritent-ils point pareil traitement. A étudier quelque peu le rôle littéraire de Fieubet, on gagne à les mieux connaître, et on se sent bientôt quelque sympathie pour ces travailleurs aujourd'hui presque inconnus, qui se faisaient alors les chevaliers désintéressés de l'esprit et du beau.

Fieubet, avant tout, obéit aux devoirs de sa charge. Conseiller au parlement, chancelier de la reine, il honore la

1. *Lettre à l'Académie française.*

magistrature par sa haute impartialité. Louis XIV l'envoie aux postes les plus difficiles. En 1685 et en 1689, Fieubet est délégué comme conseiller du roi aux États de Bretagne, où il séduit les députés par son air affable et par l'élégance de ses discours. Mme de Sévigné le rencontre à Dol, chez M. de Chaulnes, gouverneur du pays. Elle fait part à sa fille de la joie qu'elle éprouve à retrouver un ami si loin de la capitale : elle se croit transportée dans son salon de l'hôtel Carnavalet, et elle note cette journée comme lui ayant donné quelque bonheur. « La Bretagne, dit l'abbé Anselme, dans l'oraison funèbre de Fieubet, compte parmy ses plus belles années les deux où elle le vit commissaire du roy à ses Estats, et jamais elle ne cessera de louer son désintéressement, sa magnificence, sa politesse et surtout cette prudence adroite qui sçut parfaitement allier les intérêts du peuple avec ceux du souverain. » Plus tard, Fieubet préside les *Grands-Jours* du Poitou. « La cour, Paris, les provinces, tout, dit encore Anselme, parloit de luy avec éloges. »

C'est surtout comme chancelier de la reine, que Fieubet a bien mérité de la postérité. Quoique effacée, l'influence de Marie-Thérèse s'exerçait d'une manière utile, sur les affaires même les plus délicates. Par ses lettres aux ambassadeurs, aux cardinaux, au pape, aux rois ou d'Espagne ou d'Angleterre, elle préparait le succès des plus importantes négociations; elle apaisait les caractères ombrageux; et, bien que blessée au cœur, elle manifestait soit à la cour, soit dans les relations extérieures, le plus tendre et le plus dévoué attachement à Louis XIV. Fieubet l'aidait dans cette mission de conciliation, de charité et de paix. Aussi la reine avait pour lui une estime pleine de confiance et d'abandon.

En entrant en charge, il avait prêté serment à Marie-Thérèse, et c'était entre ses mains que les gens du conseil de la
reine juraient fidélité. Pour gages, Fieubet avait 1,000 livres; de plus il recevait 6,000 livres de pension et une
bourse de jetons d'argent [1].

Mais la gravité de ses fonctions n'interdisait point à Fieubet
l'amour de la poésie et des plaisirs. Aux heures ardentes de
sa jeunesse, il suivit les mœurs de son temps, où le con-
traste entre une foi profonde et une vie légère ne causait ni
scandale ni étonnement.

« Hélas, disait-il, en frappant aux portes des Camaldules,
que Dieu est bon de se vouloir bien contenter d'un vieux
reste d'années, après que les plus belles de ma vie ont été
employées à l'offenser. » Son panégyriste n'hésite point à le
dire « qu'il avait abusé des charmes de la poésie pour flatter
l'orgueil des beautés terrestres ». Jai déjà cité plus haut
le nom de deux de ces femmes illustres qui traversèrent
la vie de Fieubet : Mme de Sévigné et la comtesse de la
Suze.

Restée veuve en pleine jeunesse, Mme de Sévigné attirait
surtout par la distinction de son esprit et la noblesse de son
cœur. De Bussy-Rabutin à Ménage, nombreux furent ceux à
qui elle inspira un tendre attachement. L'ombre la plus légère
pourtant ne saurait ternir cette pure renommée. Sévigné
n'eut qu'une passion : l'amour de sa fille ; et chez elle la
femme fut sauvée par la mère. Fieubet se laissa séduire,
comme tant d'autres, par la grâce de la spirituelle marquise.

---

1. *Archives nationales.* O¹. 3713. Sous cette cote, on trouve un re-
gistre d'un des secrétaires de la reine, le marquis de la Vieuville : à la
fin, il a transcrit des lettres de Marie-Thérèse, auxquelles je fais allusion
plus haut, et qui sont d'un vif intérêt.

A Paris, ils étaient presque voisins : ils se devaient souvent rencontrer, soit chez le président d'Ormesson, soit chez Mme de Guénégaud, soit chez Chrétien de Lamoignon ou la duchesse de Chaulnes.

Un ami commun, Saint-Pavin, les accueillait aussi à Livry, dont il était abbé. Quoi qu'il en soit, une amitié sérieuse unit Mme de Sévigné et Fieubet.

Sous la plume de l'aimable écrivain, le nom de Fieubet revient souvent : elle parle de lui avec liberté, mais avec sympathie. L'un et l'autre étaient faits pour se comprendre. Doué d'un esprit fin et pénétrant, les manières nobles et aisées, la répartie mordante, Fieubet, « s'estoit comme naturalisé l'antiquité savante et polie et, de plus, il n'ignoroit rien de ce qui est estimé chez les modernes [1] ». Et Anselme ajoute : « La délicatesse de son goût et la justesse de son discernement luy avoient acquis sur les ouvrages d'esprit la même juridiction que sa place lui donnoit sur les biens et sur la fortune. »

Fieubet et Mme de Sévigné étaient aussi de la même paroisse, Saint-Paul. Ne s'y faisaient-ils point mille politesses, quand ensemble ils assistaient au mariage du prince de Guéménée avec Mlle de Vauvineux, ou qu'ils venaient écouter Bourdaloue et le père de La Rue ? N'était-ce point aussi à la chapelle des Minimes, place Royale, où le grand monde se donnait rendez-vous, et où Bossuet venait de débuter avec une si souveraine éloquence ? En 1689, l'abbé Anselme prêche à Saint-Paul : Mme Sévigné le goûte beaucoup. N'était-ce point Fieubet qui avait facilité à son ami l'entrée de cette chaire importante ? Et quand Anselme

1. *Panégyrique.*

devient confesseur extraordinaire de Mme de Grignan, on peut dire, sans être téméraire, qu'il avait été indiqué par Fieubet.

Une fois son hôtel terminé, Fieubet avait ouvert ses salons à la société la plus polie et la plus raffinée. Les cercles littéraires rivalisaient, dans Paris, d'activité et de bel esprit. Non loin de la place Royale, rue de Beauce, les *samedis* de Mlle de Scudéri essayaient de faire revivre les jours fameux de l'hôtel Rambouillet. A l'autre extrémité de Paris, à Port-Royal, rue Saint-Jacques, Mme de Sablé avait su grouper d'autres gens de mérite, parmi lesquels se distingue La Rochefoucauld. Fieubet eut aussi l'ambition de voir son hôtel fréquenté par les représentants les plus glorieux de la littérature et des arts. Il réussit. Mlle de Scudéri trônait au milieu d'une cour dont la passion était les petits vers et la poésie légère. Conrart, Sarrasin, Chapelain, Subligny et Montplaisir sont les plus grand noms de cette sorte d'académie.

Fieubet recevait La Fontaine, Pellion, Mme de Sévigné, ces trois fidèles de Fouquet. Plus d'une fois, La Fontaine dut lire dans ces salons quelques-unes de ses fables dont il apportait la primeur. Comme il devait être accueilli, quand il racontait aussi les projets de ses autres amis, qui se nommaient Racine, Molière et Boileau? Le père Bouhours était un autre familier de l'hôtel Fieubet. Moitié homme du monde, moitié religieux, le père Bouhours est le type de ces jésuites du xviie siècle, aimables et insinuants, souples et adroits, sachant au besoin tourner un madrigal, avec la même habileté qu'ils aiguisent une épigramme; érudits, forts en grec et en latin, bien vus en cour, mais tenant très haute la dignité de leur caractère, et répandant autour d'eux le parfum

des vertus sincères et des vies honnêtes et chrétiennes : à
Bouhours, il faut ajouter Rapin, La Rue, Vannière et
Vavassor.

La Fontaine avait mis la *fable* en honneur. Les recueils de
Serzy, de Maucroix et de Bouhours nous en ont conservé
plus d'une qui n'est pas sans intérêt. C'est dans l'anthologie
publiée par Bouhours que se trouve une fable de Fieubet.
Rien ne saurait prouver qu'elle ait été adressée à Mme de
Sévigné : mais rien non plus n'infirme cette supposition. Elle
a pour titre : *Ulysse et les Sirènes*.

Je la transcris en entier :

> Ces fables, qui font tant de bruit,
> Sont bien autres, Philis, que l'on ne s'imagine ;
> Vous croiez que ce n'est qu'Arlequin qui badine,
> C'est Ésope qui nous instruit.
> La plus simple fable est divine,
> Quand on sait en tirer du fruit.
> Par exemple, on m'en a dit une,
> Qui, dans mes naissantes amours,
> Quoiqu'assez vieille et fort commune,
> Pourra m'être d'un grand secours.
>
> Dans quelque île jadis vivoient trois demoiselles,
> Moitié chair et moitié poisson ;
> Leur voix étoit si douce, elles étoient si belles
> Que, dès qu'elles chantoient, les cœurs les plus rebelles
> Ne pouvoient résister à leur tendre chanson.
>
> L'on voioit tous les cœurs s'empresser autour d'elles :
> Aucun ne se sauvoit du fatal hameçon,
> Et Dieu sçait de quelle façon
> Les traittoient après ces cruelles.
> Un seul d'entre les Grecs, dit-on, leur échappa ;
> Je croi qu'il se nommoit Ulysse.
> C'étoit un fin narquois, un vieux singe en malice,
> Qui les trois trompeuses trompa.

> Ce fut par certain artifice ;
> Car à ses matelots l'oreille il étoupa.
>
> Quoi qu'il en soit, enfin, tout près du précipice,
> Comme il alloit périr le drôle décampa.
> Mais dès qu'il fut sorti de ce lieu de délice,
> Fut bien fin qui l'y rattrapa.
>
> Appliquons notre parabole.
> Quand je devrois en enrager,
> Quand je devrois cent fois manquer à ma parole,
> Je n'irai point chez vous, mardi, manger de sole.
> Je sçai bien quels plaisirs m'y pourroient engager ;
> Mais je m'appelle Ulysse, et je crains le danger[1].

On dirait que La Fontaine a prêté à son ami, pour écrire cette fable, la vivacité de son vers, le tour leste et preste de sa phrase, le trait malicieux, corrigé d'un demi-sourire.

Avec la même facilité, Fieubet composait des vers latins. Les recueils du temps lui attribuent un quatrain, en l'honneur de la comtesse de la Suze. Henriette, fille de Gaspard de Coligny, maréchal de France, a rang parmi ces femmes auteurs, dont les vers, comme les mœurs, étaient fort galants. Célèbre par sa beauté, ses aventures et ses poésies, elle fit tant que son mari se résolut à l'enfermer dans son château. Elle abjura alors le protestantime.

Dans la *Clélie*[2], on trace ainsi le portrait de Mme de la Suze. « Regarde, dit Calliope à Hésiode endormi, regarde cette femme qui t'apparoit. Elle a, comme tu vois, la taille de Pallas et sa beauté ; je ne sçai quoi de doux... qui ressemble assez à cet air charmant que les peintres donnent à Vénus. »

1. *Recueil de vers de Bouhours*, 1693, in-12, p. 209. Paris, Josse.
2. *Clélie*, part. 4, 2.

Fieubet semble s'être souvenu de ce passage, quand il veut à son tour décrire la beauté de son amie :

> *Quae Dea sublimi rapitur per inania curru?*
> *An Juno? an Pallas? an Venus ipsa venit?*
>
> *Si genus inspicias, Juno; si scripta, Minerva;*
> *Si spectes oculos, mater Amoris erit[1].*

Au sortir de ces conversations, tour à tour poétiques et philosophiques, sérieuses et galantes, Fieubet se rendait au conseil, où parfois l'attendaient de graves discussions. Tantôt il lui fallait combattre M. de Harlay, archevêque de Paris, qui voulait que le roi pût mettre des abbesses à plusieurs couvents de filles, surtout aux Cordelières. Il était vaincu. « Mais, disait Mme de Sévigné, cela commence à s'exécuter avec un bruit et un scandale épouvantable[2] ». Tantôt, il devait se charger d'un procès embrouillé dont il n'osait promettre l'heureuse issue à Mme de Lavardin[3]. Même alors son humeur plaisante ne le quittait point, et il fut un jour le héros de cette jolie histoire, racontée par Saint-Simon[4]. « Il menait Courtin dans une voiture à Saint-Germain, où était la cour ; ils furent attaqués par des voleurs et dévalisés assez poliment. A peine ceux-ci les eurent-ils laissés, que Courtin d'un air triomphant montre à Fieubet une bourse d'or qu'il avait subtilement coulée dans ses chausses pendant la visite de ces messieurs. Aussitôt Fieubet, mettant la tête à la portière, rappelle les voleurs à grands

---

1. L'impartialité m'oblige à dire que ces vers sont attribués aussi au P. Bouhours. Je préfère, avec le plus grand nombre des contemporains, dire que Fieubet en est l'auteur.

2. Sévigné. *Lettres*, t. V, p. 124-125. Édit. Régnier.

3. *Ibid.*, t. IX, p. 106.

4. Saint-Simon. *Mémoires*, t. III, p. 35-36. Édit. Hachette, 1864.

cris ; ils reviennent, et il leur dit : « Messieurs, j'ai vu à vos
« manières que vous étiez d'honnêtes gens croyant galamment
« les gens sur parole ; monsieur vous a escroqués ; je ne veux
« pas être son complice. Fouillez-le et vous ne perdrez pas vos
« peines. » Les voleurs trouvèrent facilement la bourse que
Courtin stupéfait tenait encore à la main. La cour rit beaucoup de l'aventure, et surtout de la colère de Courtin, qui
garda longtemps rancune à son ami, moins pour la somme
perdue qu'à cause des railleries dont il fut l'objet [1] ». C'était
là une anecdote propre à égayer les ruelles, et que ne démen-
tent point plusieurs malices dont Mme de Sévigné se fait
l'écho, avec sa plume parfois si hardie, mais que je n'oserais
répéter.

Fieubet, pourtant, ne consacrait point uniquement son
talent de poète à chanter les grandes dames des salons. Il
trouvait parfois des inspirations touchantes, quand il composait, par exemple, l'épitaphe de Descartes et celle de
Saint-Pavin. Où Fieubet avait-il connu Descartes ? Certes,
dans l'entourage du chancelier, le grand philosophe était
apprécié et aimé. La Fontaine attaque en maints beaux vers
quelques idées de la doctrine cartésienne. Mme de Sévigné se
déclare hautement pour elle. Mais pour écrire l'éloge qu'il a
fait de Descartes, il semble que Fieubet ait eu avec lui des
relations personnelles. Il serait assez doux de penser que
parfois Descartes a franchi le seuil de notre école d'aujour-
d'hui, et qu'il est peut-être telle salle d'étude dont les murs
ont entendu l'auteur de la *Méthode*, parlant devant un audi-
toire choisi [2]. Fieubet lui a payé sa dette de reconnaissance

1. Courtin, ancien ambassadeur, était l'ami intime de Louvois.
2. Mais Descartes est mort en 1650 ; ce que je dis là n'est donc qu'un
beau rêve.

en ces vers qui étaient gravés sur son tombeau, dans l'église
de l'abbaye de Sainte-Geneviève[1] :

> Descartes, dont tu vois ici la sépulture,
> A dessillé les yeux des aveugles mortels,
> Et, gardant le respect que l'on doit aux autels,
> Leur a du monde entier démontré la structure.
>
> Son nom, par mille écrits, se rendit glorieux;
> Son esprit mesurant et la terre et les cieux
> En pénétra l'abîme, en perça les nuages.
> Cependant, comme un autre, il cède aux lois du sort,
> Lui qui vivroit autant que ses divers ouvrages,
> Si le sage pouvoit s'affranchir de la mort[2].

L'épitaphe de Fieubet pour Saint-Pavin est plus connue.

Disciple de Théophile, de Desbarreaux et de Bardouville,
abbé de Livry, Saint-Pavin fut un de ces *libertins* du
XVIIe siècle, qui apparaissent alors, rares, il est vrai, mais
frondeurs et obstinés, comme les précurseurs du siècle de
Voltaire. Laid, bossu, il avait l'esprit subtil et mordant. Son
voisinage avec Mme de Sévigné explique combien facilement il en fut épris; son portrait physique et moral explique
combien plus facilement encore la digne femme sut ranger à
la raison son trop enthousiaste partisan. Mais Fieubet lui fut
franchement attaché. Saint-Pavin maniait le petit vers avec
un rare bonheur. Dans sa première *Satire*, Boileau avait
mis au nombre des impossibilités qu'on pût voir un jour :

> Saint-Sorlin janséniste, et Saint-Pavin bigot[3].

1. Aujourd'hui lycée Henri IV.
2. Piganiol de la Force, t. IX, p. 245.
3. Boileau, *Satires*, I, v, 128.

Celui-ci riposta :

> Despréaux, grimpé sur Parnasse,
> Avant que personne en sût rien,
> Trouva Régnier avec Horace
> Et rechercha leur entretien.
>
> Sans choix et de mauvaise grâce,
> Il pilla presque tout leur bien ;
> Il s'en para avec audace,
> Et s'en servit comme du sien.
>
> Jaloux des plus fameux poètes,
> Dans ses satires indiscrètes,
> Il choque leur gloire aujourd'hui.
>
> En vérité, je lui pardonne ;
> S'il n'eût mal parlé de personne,
> On n'eût jamais parlé de lui.

Le trait est sanglant ; mais Boileau ne se tint pas pour battu, et il répliqua par cette épigramme plus lourde, et qui laisse moins siffler l'ironie que celle de Saint-Pavin :

> Alidor, assis dans sa chaise,
> Médisant du ciel à son aise,
> Peut bien médire aussi de moi.
> Je ris de ses discours frivoles ;
> On sait fort bien que ses paroles
> Ne sont pas articles de foi.

Malgré la prédiction de Boileau, Saint-Pavin se convertit et mourut réconcilié avec Dieu. Dans sa lettre du 11 avril 1670, Guy Patin annonce que le curé de Saint-Nicolas obligea le fameux athée, avant sa mort, à employer en legs pieux le bien qui lui restait. L'histoire du xviie siècle est remplie de ces changements qui rapprochent soudainement l'âme de

Dieu, et la tournent, pacifiée et sereine, vers l'éternité qui s'entr'ouvre. La foi pouvait bien, pour des années même, être ensevelie sous toutes sortes de ruines. Mais un jour, elle jaillissait comme une flamme trop longtemps étouffée, et à ses clartés la vérité demeurait victorieuse.

Saint-Pavin fut pleuré par Fieubet, qui fit graver sur sa tombe cette épitaphe, où une mélancolie voilée se marie au ton enjoué à la fois et ému :

> Sous ce tombeau gît Saint-Pavin.
> Donne des larmes à sa fin.
> Tu fus de ses amis, peut-être ?
> Pleure ton sort, pleure le sien.
> Tu n'en fus pas ? Pleure le tien,
> Passant, d'avoir manqué d'en être.

1 Le Port et
2 Le Quay St. Paul.
3 l'Hôtel de Fieubet.
4 Les Célestins.
5 La Porte de l'Arsenal
L'ARCENAL. est le Magazin des Poudres et des Armes du Roi, la Fonderie de ses Canons, et sa demeure du Grand Maître de l'Artillerie. Il fut commencé sous Charles V. environ dans le temps que fut bâtie la Bastille, à laquelle il est joint par le petit Arcenal, où il y a un Jardin d'une grande étendüe qui sert de promenade publique. l'Arsenal a été renouvellé par Henri II. et augmenté par Henri III. qui en a fait bâtir la Porte qu'on voit ici: elle est d'une Architecture militaire, aiant des Canons pour Colonnes avec ces deux beaux Vers Æthna hic Erruco Vulcania tela ministrat, Tela gigante os debellatura Furores.
A Paris Chez N. Langlois rue St. Jacques a la Victoire Avec Privilege du Roy.
6. Logement de Mr. le Grand Maître. 7. Le Mail.
8. L'Isle Louvier.
9. Le Pont de bateaux.
10. l'Hôpital de la Salpêtrière.
Pirou. Phot.
Jean. Daruel.

V

FIEUBET

——

LES SOUVENIRS

ANS cette vie, où les belles études et les belles amitiés tenaient une si large place, et qui passait, avec tant de souplesse, des amusements aux plus graves occupations, il semblerait difficile de surprendre une lacune ou un vide. D'autant plus que tout, autour de Fieubet, conspirait à flatter ses goûts d'artiste, d'érudit et de poète, et j'ajouterai ses inclinations de chrétien. Passer une journée idéale avec lui, c'est revivre en la compagnie de grands souvenirs.

La femme de Fieubet était d'une piété exemplaire. Son mari l'avait favorisée en lui donnant un oratoire dans son hôtel. En cela, il ne faisait que continuer une tradition de famille. La maison curiale de Saint-Paul avait été édifiée en 1636, par les soins de son père, Gaspard de Fieubet.

4

Une chapelle, sous le patronage de saint Amable, servait
de sépulture à sa parenté, dans l'église Saint-Paul[1]. Quand
il assistait aux offices de cette paroisse, je ne sais s'il en admirait les superbes vitraux, l'architecture sévère du plus
pur style gothique. Au xviie siècle, le moyen âge n'était
guère goûté. Mais les tombes illustres qui remplissaient
l'église ou le cimetière avoisinant devaient lui rappeler
plus d'un nom connu et aimé[2]. Aux fonts baptismaux,
Charles V et Charles VI avaient fait baptiser leurs enfants.
Dans cette chapelle de la *Communion*, la maison de Noailles
ensevelissait les siens. Dans la chapelle de *Saint-Louis*,
c'était le tombeau de Gilles, le premier écrivain français des
Annales de France. Plus loin, une modeste épitaphe indi-
quait les cendres des deux Mansart, François et Hardouin.
Nicot qui a importé le tabac, Adrien Baillet, bibliothécaire
du président Lamoignon, reposaient aussi sous les dalles
de l'église Saint-Paul. Des charniers, en longue galerie, —
ils forment aujourd'hui le *passage Saint-Pierre*[3], — con-
servaient les ossements tirés du cimetière qui entourait
l'église, et où Fieubet pouvait encore voir la tombe de Rabe-
lais, mort dans la rue des *Jardins-Saint-Paul*. Plus tard,
en 1673, Fieubet y donnait un souvenir attendri à Mme de
la Suze, aussi inhumée à Saint-Paul.

Si la fantaisie le prenait, il allait à la chapelle des Pères
jésuites, bâtie sous Louis XIII[4]. Quand Bourdaloue y pro-

1. *Recueil d'épitaphes* dressé par Toulorge, prêtre clerc, en l'église
Saint-Paul. Paris, 1715.

2. Jaillot, *Recherches sur Paris*, quartier Saint-Paul.

3. *Revue universelle des arts*, 1866, article de l'abbé Valentin Dufour.

4. C'est aujourd'hui l'église Saint-Paul-Saint-Louis, dont les archi-
tectes furent les Pères Durand et Marcel Ange.

nonçait l'*Oraison funèbre de Condé*, Fieubet devait être
au premier rang des auditeurs; et, comme ses contemporains, peut-être jugeait-il que Bossuet n'avait point égalé
l'éloquent jésuite. Aux anniversaires de la mort de Louis XIII
et d'Anne d'Autriche, dont les cœurs, dans des urnes d'argent, étaient suspendus à la voûte des nefs latérales, Fieubet
se mêlait à la foule des courtisans. De plus, si Mascaron
et Senault attiraient à Saint-Paul, Bourdaloue régnait en
maître dans la chaire de l'église des Jésuites et le chancelier
pouvait passer de l'un aux autres. Parfois, quand prise
d'un de ces désirs de la solitude, si éloquemment exprimés
par Racine, Mme de Sévigné se renfermait au couvent de la
Visitation, rue Saint-Antoine, Fieubet, semble-t-il, enviait
aux religieuses la présence de celle qui était une des joies
de son salon. Mais les souvenirs profanes venaient bientôt
le distraire de ces pensées religieuses. Là, au quai Saint-
Paul, sur l'ancien jeu de Paume de la *Croix-Noire*, Molière
avait, avec les Béjart, essayé les bégayements de sa verve
comique. De l'autre côté de la Seine, les hôtels Lambert et
Lauzun ouvraient, à toutes les fêtes, leurs vastes galeries
peintes par Le Sueur et Lebrun.

Tout à côté de son hôtel, le couvent des *Célestins* permet-
tait à Fieubet d'admirer de vrais chefs-d'œuvre de sculpture.
Placé sous la protection royale, ce monastère avait beaucoup
profité du voisinage de l'ancien hôtel Saint-Pol. L'église,
bâtie par Charles V, avait été comme envahie par les tombes
des grandes familles de la noblesse. Les monuments, les vitraux peints, les sculptures y abondaient comme dans un
véritable musée. Deux chapelles surtout se distinguaient par
leurs richesses en œuvres d'art : la chapelle de Gesvre et
celle d'Orléans. Cette dernière, construite en 1393 par l'ordre

de Louis d'Orléans, était devenue, selon l'expression de
M. Paul Lacroix, la succursale de la basilique Saint-Denis.
Le tombeau de ce prince était une merveille de sculpture,
qu'entourèrent bientôt d'autres merveilles. C'était là qu'on
contemplait les *Trois Grâces*, par Germain Pilon, le tombeau de Philippe de Chabot, par Jean Cousin, et celui du
maréchal Anne de Montmorency, par Barthélemy Prieur[1].
Non loin encore, là où aujourd'hui le *boulevard Henri IV*
déploie son avenue triomphale qui relie, pour la vue, le Panthéon à la Bastille, Fieubet allait rendre visite, rue de *la Cerisaie*, au maréchal de Lesdiguières, qui habitait le splendide
hôtel bâti par Sébastien Zamet.

Un de ses amis, le président d'Ormesson, devait souvent
l'inviter dans sa demeure presque princière, située à l'angle
de la rue du *Petit-Musc* et de la rue *Saint-Antoine*, et que
Ducerceau avait fait construire. Et, en quittant l'hôtel d'Ormesson, il entrait peut-être à l'hôtel *Sully*, que Ducerceau
avait aussi élevé pour Maximilien de Béthune. A quelques
pas, la *place Royale*, créée par Henri IV sur l'emplacement
de l'ancien palais des *Tournelles*, dressait ses hôtels élégants
aux salons immenses. Elle était le rendez-vous du grand
monde, et la fine fleur des gens du bel air et de l'esprit y avaient
établi leur domicile. Pour s'y rendre, Fieubet prenait la rue
de Birague, où Mme de Sévigné était née[2]. Autour de la place,
les *ruelles* les plus courues attiraient les amateurs de vers,
tantôt chez les Guéménée, tantôt chez Mlle de Scudéri, tantôt chez Ninon de Lenclos. Sans aller jusqu'au *Marais*,
Fieubet trouvait à sa porte même, si je l'ose dire, des
voisins de son rang et de ses goûts : les *Nicolaï*, dont la

1. Jaillot, *op. cit.*
2. Dans la maison qui porte aujourd'hui le numéro *11 bis*.

maison touchait à la sienne, et avec qui il était allié, une de ses sœurs ayant épousé Nicolas de Nicolaï. Une autre, Louise de Fieubet, s'était mariée à M. des Maisons, président à mortier, qui avait du mérite et de l'esprit, mais « très vénal, dit Saint-Simon, et très décrié pour ses injustices et ses débauches ».

C'était dans cet entourage que Fieubet vivait, lorsque les devoirs de sa charge ne l'appelaient point à la cour. On comprend tout l'agrément que le chancelier y prenait, et combien il trouvait de jouissances délicates dans ce commerce de tant d'hommes et de tant de femmes aimables et distinguées. Il ne devait point cependant mourir au milieu de cette société : Dieu l'attendait, et, quand il l'appela, Fieubet lui obéit avec une simple et entière générosité.

VI

FIEUBET

———

LES CAMALDULES

Dieu, dit Bossuet, fait un journal de notre vie ; une main divine écrit notre histoire qui nous sera un jour représentée et sera représentée à tout l'univers. Songeons donc à la faire belle. Effaçons par la pénitence ce qui nous y couvrirait de confusion et de honte[1]. » Tout le xviie siècle semble avoir entendu ces paroles et y avoir conformé sa vie. Gaspard de Fieubet les réalisa dans la sienne, et fut un exemple de ces âmes qui, trompées par les événements, déprises des choses humaines, se jettent dans les bras de Celui « *en qui espoyr ne déçoit mie*[2] ». L'histoire de cette conversion est tout entière dans le *panégyrique de Fieubet*, prononcé dans l'église des Camal-

———

1. *Sermon sur le délai de la conversion.*
2. Cette devise est inscrite à la voûte de la cathédrale de Montpellier.

dules, par l'abbé Anselme que j'ai déjà cité, et sur qui il convient de dire quelques mots.

Antoine Anselme naquit, le 13 janvier 1652, à l'Isle-Jourdain, dans le comté d'Armagnac. Après avoir été élevé à Gimont, chez les Doctrinaires, il vint finir ses études à Toulouse, où il cultiva avec succès l'éloquence et la poésie. Un de ses sermons plut tellement au marquis de Montespan, qu'il le choisit pour précepteur de son fils, le marquis d'Antin. Cette éducation réussit pleinement. Anselme prêcha alors à Paris, avec une renommée toujours croissante; en 1681, l'Académie française le choisit pour prononcer devant elle le panégyrique de saint Louis au Louvre. Grâce au marquis d'Antin, il fut nommé abbé de la riche abbaye de Saint-Sever-Cap-de-Gascogne, et reçu comme surnuméraire à l'Académie des Inscriptions et Belles-lettres. Pendant plusieurs années, il prêcha aussi, devant cette dernière compagnie, le panégyrique de saint Louis, dans l'église de l'Oratoire[1].

Très versé dans la science de l'antiquité, Anselme goûtait fort les œuvres de peinture. Presque compatriote de Fieubet, il devint son ami. Ce fut lui qui reçut les derniers soupirs de Mme de Fieubet, lui aussi qui accompagna son mari dans sa retraite aux Camaldules, l'assista à son agonie, et prononça son oraison funèbre, « qu'il fit, dit-il, de son propre mouvement, et où sa douleur seule prit soin de parer la vertu au pied des autels ». L'abbé Anselme, du reste, était passé maître dans ce genre d'éloquence : il s'était déjà signalé par les éloges du roi Jacques II et du maréchal de Lorges[2].

1. C'était une tradition pour cette Académie de fêter saint Louis dans la chapelle de l'Oratoire, rue Saint-Honoré.

2. *Histoire de l'Académie des Inscriptions et Belles-lettres*, t. XIV,

L'existence entière de Fieubet prouve qu'il n'était point
un impie. Son grand cœur s'était toujours montré généreux
pour les œuvres de charité. Dieu, en lui accordant la grâce
d'une parfaite conversion, ne voulut-il pas récompenser
une vie honorée par tant de vertus naturelles? Un hasard
de chasse avait conduit Fieubet, trente ans auparavant, aux
portes des Camaldules de Grosbois. Continuant la forêt de
Sénart, les bois de Grosbois s'étendent de la fraîche vallée
de l'Yères aux plaines fertiles de la Brie. Là, au milieu des
arbres, dans une solitude complète, les Camaldules avaient
fondé une maison de prière. Venus en 1642 d'Italie où ils
avaient été institués par saint Romuald, ils n'avaient que
cette seule résidence en France. L'église était pauvre : tou-
ché d'un pareil dénûment et édifié par l'austérité des religieux, Fieubet se fit pendant dix ans le bienfaiteur ignoré de
la chapelle du couvent. Non loin de là, il avait une maison
de campagne à Villefrit, d'où, chaque année, il revenait
visiter les Camaldules.

C'était en 1688. Fieubet perdit sa femme qui mourait sans
lui laisser d'enfants : il avait, l'année précédente, perdu aussi
une grande partie de ses biens. Dans ces afflictions qui le
frappaient coup sur coup, Fieubet reconnut un avertissement
du ciel et un appel de Dieu. Presque toujours, c'est par la
douleur que les âmes purifiées retrouvent la voie du bien
et du salut. Fieubet eut le courage de ne point fermer les
yeux à la lumière qui l'éclairait, et sa résolution fut bientôt
prise : il voulait renoncer à sa charge, dire adieu au monde,

in-4, p. 285 et suiv. — L'éloge public du docte abbé fut prononcé le
15 avril 1738; il était mort le 8 août 1737, miné par une fièvre lente,
que lui avait causée la nouvelle de la mort du duc d'Antin, son ancien
élève.

et, au couvent des Camaldules, se préparer à la mort et à l'éternité. Mais, avant de mettre ce dessein à exécution, il lui fallait avoir une approbation d'une indiscutable autorité. Il alla demander conseil à l'abbé de Rancé. Du sein de la Trappe, Rancé a exercé sur son temps l'influence que donnent toujours à une âme d'héroïques vertus. La France lui doit peut-être le Bossuet dont elle est si fière. Fieubet ne faisait qu'obéir à cet ascendant, qu'ont ici-bas les vrais hommes de Dieu, quand il venait soumettre à l'abbé de Rancé le projet qu'il avait conçu. Celui-ci l'encouragea et le bénit. Fort d'une telle sympathie, Fieubet s'ouvrit de son dessein à Louis XIV qui, après lui avoir exprimé ses regrets, n'osa pas contrarier une telle vocation, et, en 1691, brusquement, le secret ayant été gardé jusqu'à la dernière heure, Fieubet se démit de ses fonctions pour s'ensevelir aux Camaldules de Grosbois.

Cette retraite surprit et fit beaucoup de bruit. « Il s'est passé de grandes choses, écrit Mme de Sévigné à Du Plessis, depuis quelque temps : la mort de M. Louvois, le retour glorieux de M. de Pompone, la retraite rigoureuse de M. de Fieubet... » Il eut d'Aguesseau pour successeur au conseil d'État[1].

La loyauté que Fieubet mettait à remplir ses devoirs de magistrat, il l'apporta dans l'exercice des vertus que lui imposait son nouveau genre de vie. Il devint un vrai pénitent. La prière, la lecture de l'Écriture sainte, la récitation du bréviaire occupaient une partie de ses journées. « Il avait aimé les compagnies; il se punissoit en les fuyant; il avait goûté les plaisirs défendus; il se privoit des plaisirs permis[2]. » Sa charité éclate avec plus de magnificence encore.

1. *Le Mercure*, de septembre 1691, p. 264-265.
2. *Panégyrique.*

« Il voulut avoir des pauvres, des malades dans sa maison,
qu'il visitoit deux fois par jour[1], » et il leur faisait le caté-
chisme. Son talent de poète, il le purifie aussi, en consacrant
ses vers à chanter les louanges de Dieu et à célébrer les saints
martyrs.

Est-ce à dire que parfois l'ennui ne prit point Fieubet, au
milieu d'une solitude si pieuse et si mortifiée? Saint-Simon,
en méchante langue qu'il est, l'affirme. Après avoir dit que
le dépit, la mort de sa femme sans enfants, des affaires peu
accommodées, de l'âge et de la dévotion sur le tout avaient
jeté Fieubet dans cette retraite, Saint-Simon ajoute : « Pontchartrain envoya son fils le voir, qui, avec peu de discrétion,
s'avisa de lui demander ce qu'il faisait là : « Ce que je fais,
« lui répondit Fieubet? Je m'ennuie. C'est ma pénitence.
« Je me suis trop diverti. » L'abbé Anselme nie au contraire
que Fieubet ait jamais connu ce vague malaise « qui fait le
fond de la vie humaine », selon l'expression de Bossuet.

Après trois ans de cette vie édifiante, Fieubet, atteint d'une
hydropisie, mourut saintement, le 10 septembre 1694,
entre les bras de l'abbé Anselme. Son cœur fut rapporté à
l'église Saint-Paul où sa femme était enterrée : son corps
fut enseveli aux Camaldules, où reposait déjà Rogostki,
le fameux écuyer de Jean Sobieski. « Vous avez, écrit
Coulanges à Mme de Sévigné, le 3 octobre 1694, vous avez
fait de belles réflexions, de l'humeur que je vous connais, sur
la mort de M. de Fieubet. »

L'abbé Anselme, comme on l'a déjà dit, se chargea spon-
tanément de l'oraison funèbre de son illustre ami. Avant de
la prononcer, il la soumit à des critiques du meilleur goût.

1. *Panégyrique.*

« Le confesseur extraordinaire de Mme de Grignan, écrit Mme de Coulanges à Mme de Sévigné, le 16 septembre 1695, viendra demain me lire l'oraison funèbre qu'il a faite de ce saint homme. » Le 15 octobre 1695, Mme de Sévigné envoie à Coulanges son appréciation sur cette oraison funèbre : « Nous venons de lire un discours qui nous a tous charmés et même M. l'archevêque d'Arles qui est du métier : c'est l'oraison funèbre de M. de Fieubet par l'abbé Anselme ; c'est la plus mesurée, la plus sage, la plus convenable et la plus chrétienne pièce qu'on puisse faire sur un pareil sujet ; tout est plein de citations de la sainte Écriture, d'applications admirables, de dévotion, de piété, de dignité et d'un style noble et coulant [1] ».

Anselme composa aussi l'épitaphe de Fieubet : il écrivait habilement en latin, et, après avoir prononcé l'oraison funèbre de ses héros, il résumait leurs vertus dans cette langue lapidaire dont aujourd'hui nous avons perdu le secret, mais que le xviie siècle possédait à fond. Les épitaphes de Jacques II et du maréchal de Lorges ont été traduites en vers français par le chevalier de Girardin ; un secrétaire du roi, Haudiqué, traduisit celle-ci de Fieubet :

JUSTITIAS.   JUDICANTI.

A   Ω

Expectat hic donec veniat immutatio sua
Illustrissimus vir D. D. Gaspard de
Fieubet,
Consistorianus comes,
Theresiæ austriacæ, Ludovici Magni con-
jugis Cancellarius,
Quo non habuit

1. *Lettres*, t. IX, p. 106 et 268. Édit. Régnier.

Patria cariorem civem,
Toga præclarius lumen,
Sæculum præstantius ingenium,
Optimus quisque paratiorem amicum.
Qui
Natus in magnis divitiis,
Vagatus per varia oblectamenta,
Evectus ad multos honores,
Dum in Republica magna obtineret,
Maxima sperare posset.
Dixit :
Vanitas vanitatum et omnia vanitas.
Utque vera post vana quæreret,
Hanc in solitudinem, ubi veritas loquitur
Ad cor
Sumptis columbæ pennis advolavit,
Ibique
Piorum ascetarum exemplis excitatus,
Turmis pauperum quos liberis carens
Pro liberis habuit cinctus,
Per multos labores doloresque bajulans
Sibi crucem
In stadio pænitentiæ giganteo passu cu-
currit.
Quo cursu consummato brevium acceptu-
rus, obiit
IV Idus septembris, anno salutis
M.DC.XCIV.
Ætatis LXVIII.
Manus amica
Publicis votis. non modestissimi viri
Voluntati obsequens.
Id enim vetuerat,
Posuit.

Paraphrase de l'épitaphe de M. de Fieubet par M. Haudiqué :

> Au juge souverain dont l'équité suprême
> Jugera la justice même.
>
> Dans l'ombre de ce monument,
> Terme de la grandeur humaine,
> Fieubet attend en paix qu'un heureux changement
> L'environne à jamais d'une gloire certaine.
>
> La France n'eut jamais un plus cher citoyen,
> Thémis un magistrat plus grand, plus digne d'elle,
> Le siècle nul esprit d'un plus parfait modèle ;
> Jamais de tout homme de bien
> Il ne fut un ami plus vif et plus fidèle.
>
> Né dans le sein de l'opulence,
> Il goûta des plaisirs les trompeuses douceurs ;
> Au gré d'une juste espérance,
> Il se vit revêtir de charges et d'honneurs :
> Mais lorsque d'un haut rang il aspire au sublime,
> L'Esprit-Saint dont la voix l'anime,
> Pour fixer son cœur agité,
> Lui dit : en ces bas lieux tout n'est que vanité.
>
> Aussitôt dégoûté du monde périssable,
> Il fuit le faux bonheur, cherche le véritable :
> Et brûlant d'une sainte ardeur,
> Ainsi que la chaste colombe,
> Il vole, et tout d'un coup il tombe
> En cet heureux désert, où loin de toute erreur
> Le Dieu de vérité se fait sentir au cœur.
>
> Ce fut là qu'excité par ces saints solitaires,
> Dont l'exemple vivant lui prêchait la vertu,
> Il apprit aux âmes vulgaires
> A réprimer l'orgueil dont il fut combatu.
> Là, regardant toujours avec des yeux de père
> Les pauvres du Seigneur dont il fut entouré,

Prompt à soulager leur misère,
Il crut revoir en eux cette famille chère
Dont la mort l'avait séparé.

Là, parmi les travaux, le jeûne et la prière,
Portant sa croix, ferme et constant,
Par de longues douleurs humilié, souffrant,
Dans le sentier étroit du pénitent sincère,
Il courut à pas de géant :
Enfin, ayant fourni sa pénible carrière,
Il alla recevoir au séjour de lumière
Le prix qu'à ses élus donne le Tout-Puissant.

Cet illustre défunt, aux dépens de sa gloire,
Défendit, en mourant, de rendre à sa mémoire
Des honneurs vains et fastueux ;
Mais depuis, un ami toujours fidèle et tendre,
Sans blesser cette loi, satisfit mille cœurs
Et couvrit d'un tombeau sa précieuse cendre.

Imp. Dorval

VII

L'HOTEL FIEUBET

JUSQU'A NOS JOURS

L'ÉCOLE MASSILLON

ASPARD de Fieubet laissait son hôtel à son frère, Anne de Fieubet, qui en prit possession, le 19 juillet 1701. Anne était entré aussi dans la magistrature ; conseiller au parlement de Paris, en 1663, il était nommé maître des requêtes, le 2 mars 1665. Une de ses nièces, fille d'Élisabeth de Fieubet et de Nicolas de Nicolaï, fut mariée à Louis de Rochechouart, duc de Mortemart.

Anne mourut en 1705. L'hôtel passa à son fils Paul de Fieubet, seigneur de Cendrey, Néveillon, Launac et Beauregard ; qui devint successivement conseiller au parlement en 1689, maître des requêtes en 1690, et conseiller *du conseil du dedans* du royaume. Il avait épousé Angélique-Marie de Fourcy, fille de Henri de Fourcy, conseiller d'État. Il mou-

5

rut subitement le 1ᵉʳ mars 1718, à l'âge de 54 ans. Son fils aîné reçut l'hôtel en héritage. Il s'appelait Louis-Gaspard de Fieubet, seigneur de Beauregard, de Vineuil et de Castanet, conseiller au parlement de Paris. Sa femme était Marie-Anne du Molin, qui mourut, en 1713, de la petite vérole, et fut inhumée à Saint-Paul. L'unique fils né de ce mariage fut aussi emporté par la petite vérole, à l'âge de dix-sept ans, le 5 avril 1731. Le foyer de Gaspard de Fieubet était vide. Resté seul dans cet hôtel où de si douloureux événements l'avaient atteint au cœur, il le prit en dégoût. Le 12 février 1752, il le louait au marquis de Crillon, et, le 7 juillet 1752, il le vendait pour cent cinquante mille livres à Marie-Élisabeth de Clèves, veuve de Pierre Nolasque Couvay, secrétaire honoraire du roi, chevalier de l'ordre du roi de Portugal, et gouverneur de Rosoy-en-Brie.

La famille Fieubet n'était cependant point éteinte. Arnaud-Paul, le frère puiné de Louis-Gaspard, avait embrassé la carrière militaire. D'abord officier dans le régiment du roi, puis guidon de la compagnie des gendarmes de la garde du roi, il obtint le grade de *maître de camp* de cavalerie. De son mariage avec Catherine-Henriette Feydeau, il eut un fils, Gaspard-Louis, né en 1732 et mort en 1750, et une fille, Catherine-Henriette, qui épousa aussi un officier, Mathias Raoul, marquis de Gaucourt, capitaine de dragons et maréchal de camp.

Élisabeth de Clèves ne garda point longtemps sa nouvelle acquisition. Le 19 février 1755, par-devant Mᵉ Renart, elle vendit l'hôtel à Élisabeth Roussel, veuve de Pierre Dedelay de la Gardel, secrétaire et fermier général du roi. Le prix monta à cent trente mille livres, dont vingt mille pour les tableaux et les glaces, et cent dix mille pour l'immeuble.

A son tour, Mme Dedelay n'y fit point un long séjour. Le 22 juin 1769, devant Me Cordier, notaire, elle céda l'hôtel à Alexandre-Jean Boula de Mareuil, pour la somme de cent quatre-vingt mille livres, dont vingt mille pour les objets d'art.

Chaque génération avait embelli cette sorte de palais. A cette date, de fins pastels par Broth, des tableaux de Van Dyck — entre autres, les portraits d'Édouard V, et de Richard, son frère, fils d'Édouard IV, — un chef-d'œuvre de Le Sueur, — *le Génie de la musique*, — s'étaient ajoutés aux richesses artistiques des âges précédents. On remarquait aussi un beau buste en marbre de *sainte Cécile*, par Le Guide.

Avec la noble famille qui y entrait, l'éclat de l'hôtel Fieubet va revivre. Les Boula de Mareuil porteront dignement ces honneurs de la magistrature que les Fieubet ont rehaussés par tant de vertus. Le présent est digne du passé, et, comme autrefois, le culte des choses de l'art s'allie à l'amour des plus difficiles devoirs.

Alexandre-Jean Boula de Mareuil naquit le 21 juin 1720. Jeune encore, il devint conseiller du roi, en 1741. Les qualités qu'il déploya, le talent dont il fit preuve, le désignèrent bientôt pour un poste plus important. En 1745, il était nommé avocat général de la cour des Aydes. A la fin de sa vie, si bien remplie, il recevait, en 1779, le titre de conseiller d'honneur. Il avait épousé Antoinette de la Haye de Bazinville, fille d'un écuyer du roi. De ce mariage naquit Antoine-Jean Boula de Mareuil, qui fut conseiller du roi en sa cour du parlement, et qui plus tard épousa Marie-Geneviève Bruant des Carrières, dame de Puiseux. M. Jean Boula de Mareuil prit part à l'Assemblée nationale. En 1792, il fut arrêté avec sa femme dans son hôtel même, par un ordre du comité du salut public. Les habitants du village de Louvres, en Parisis, qui relevaient de la châtellenie de Puiseux, écrivirent pour demander la délivrance de leurs seigneurs. Leur supplique fut refusée; mais la mort de Robespierre ouvrit, peu de temps après, les portes de leur prison aux deux nobles détenus. L'hôtel Fieubet continua d'être habité par la famille de Mareuil, et, en 1813, la veuve de M. Jean Boula de Mareuil y mourait.

L'hôtel fut alors vendu à deux industriels : MM. Gérard Auriacombe et Antoine Debladis, qui y installèrent une raffinerie. La décadence de la splendide demeure commençait. Les jardins furent détruits et chargés de constructions utilitaires, la cour d'honneur bouleversée, les tapisseries vendues, les œuvres d'art dispersées. A une raffinerie succéda une pension ; puis, l'abandon.

M. Adrien de la Valette acheta l'hôtel dans le but de le restaurer et de lui rendre son antique splendeur. M. Jules Gros, élève de Henri Labrouste, se chargea de refaire le palais que l'imagination de M. de la Valette se voulait créer du sein de ces ruines. Le nouveau propriétaire ne laissa debout que les façades de l'hôtel. Puis, par encastrement, par surélévation, il ajouta les pierres que nécessitait son plan de restauration. « Bientôt, dit M. A. Dupuis, on vit se profiler le petit dôme central, puis le hardi belvédère de droite, et enfin d'habiles et agiles ciseaux façonnèrent la pierre en frontons, en cariatides, en vases, en balustrades, en trumeaux, comme si, selon une pittoresque expression, un portefeuille d'estampes était venu faire là son carnaval. » Il ne fallait plus au milieu de ces décorations disparates, de ce fouillis de trophées et de médaillons, chercher la pure et noble grandeur du style de Mansart. Ce qu'on désirait, c'était l'étrange, l'extra-ordinaire, la richesse qui fasse réclame, et qui surprenne l'admiration des naïfs. Les raffinements les plus audacieux de luxe devaient surtout forcer l'attention. Par un canal souterrain, l'hôtel aurait été mis en communication avec la Seine, et des gondoles eussent amené les convives jusqu'au palier de la salle à manger.

De ce rêve aux fantaisies capricieuses, qu'y eut-il de réalisé ? Peu de choses. Bientôt l'argent manqua, et les uns après les autres, maçons, charpentiers, sculpteurs, délaissèrent une œuvre où on ne pouvait plus les payer. Pendant plus de quinze ans, l'hôtel Fieubet resta livré, sans merci, aux injures des saisons. Le vent, la pluie, la neige, le soleil mordaient tour à tour les toits, les planchers, les statues, les colonnes, qui çà et là n'avaient pu être terminés. Un estaminet vulgaire s'installait au rez-de-chaussée de la rue du Petit-Musc. Un autre marchand de vins du voisinage achalandait sa clientèle, en prenant cette enseigne : *Au vieux château!* A l'édifice abandonné, même les insultes de la main des hommes apportaient leur part de destruction et de ruine. Pendant la Commune, un bataillon d'insurgés y prenait ses quartiers, et, lors des luttes suprêmes de l'armée rebelle contre les soldats de Versailles, deux obus firent leur trouée à travers les combles.

C'est dans cet état lamentable que M. l'abbé Nouvelle trouvait l'ancien hôtel des Fieubet et des Mareuil, lorsque, avec ses deux associés, MM. Lechevallier et Thédenat, il l'achetait, par contrat passé devant Me Deschars, le 3 avril 1877.

Le 10 octobre suivant, la rentrée des classes amenait plus de cent cinquante élèves à la nouvelle école. Sous l'habile direction de l'architecte, M. Marchand, les salles d'étude avaient été apprêtées, les cours pavées et égalisées. Toute trace de ruine avait disparu. Des caves aux mansardes, un travail intelligent avait su donner aux murs une robe fraîche, rajeunir les planchers, et restaurer les fenêtres par où l'air et la lumière inondent les pièces les plus humbles. Aux galeries, les statues respectées, la *loggia* de la façade maintenue dans son intégrité, le campanile à la flèche dorée donnent à l'édifice un certain grand air, je ne sais quelle fière allure qui, malgré tout, ne déplaisent pas, et qui font que l'*École Massillon* compte parmi les plus beaux établissements scolaires de Paris.

Bien humbles pourtant avaient été ses débuts. C'était en 1872, au lendemain des désastres qui avaient mutilé la France. On se rappelle avec quelle énergie tous les hommes de cœur, sans distinction de parti, se mirent à l'œuvre commune du relèvement de la patrie, et aussi comment tous virent dans l'éducation le seul moyen de salut. Quelques prêtres, unis par l'amitié et une communauté de but, ouvrirent rue de Turenne, dans un modeste appartement, un externat d'enfants qui devaient suivre les cours du lycée Charlemagne. L'entreprise, quoique hardie, n'était point originale. Le regretté M. Thénon est le premier à avoir compris qu'entre l'enseignement des Pères jésuites et celui de l'État, il y avait place pour une œuvre qui concilierait les avantages de l'un et de l'autre; et, à côté du lycée Louis-le-Grand et du lycée Fontanes, il avait fondé l'École Bossuet et l'École Fénelon. En donnant à la maison qu'il créait le nom de Massillon, M. l'abbé Nouvelle disait hautement qu'il s'inspirerait du même esprit qui avait fait naître les écoles de M. Thénon. Plus d'une critique fut adressée à la jeune institution. Le temps en a fait bonne justice, puisque, depuis dix ans, elle a prospéré. Au lycée, les élèves écoutent les leçons des professeurs les plus distingués de l'Université. Revenus à l'école, leur travail, leur conduite, leur éducation morale et leur instruction religieuse sont l'objet d'un contrôle incessant et des préoccupations de tous. Sous une discipline paternelle, l'enfant grandit, avec l'originalité de sa nature que l'on ·tâche de bien diriger, et non pas d'anéantir. Après les heures consacrées au travail, il rentre, chaque soir, dans sa famille : il retrouve son père, sa mère et la douce influence que de si profondes tendresses ne peuvent manquer d'avoir sur son cœur.

Tel est l'idéal de l'École Massillon. Ne semblerait-il pas que M. l'abbé Nouvelle, en la fondant, ait deviné l'avenir et pressenti ces jours malheureux où des maisons d'enseignement libre verraient expulser leurs maîtres, parce qu'ils sont d'un ordre religieux ? Dieu a béni son œuvre.

De cet aperçu historique que faut-il conclure ? C'est que l'École Massillon, en venant abriter ses élèves et ses études dans l'ancien hôtel Fieubet, n'interrompt point le passé de cette maison : elle le continue. L'hôtel, bâti par Mansart, fréquenté par La Fontaine et Mme de Sévigné, habité par un poète délicat, était comme un cadre naturel pour une maison de travail intellectuel, de culture littéraire et religieuse, de formation vraiment chrétienne et française.

TABLES

·I. — TABLE DES MATIÈRES

Préface.   3
   I. — Les origines.   7
  II. — L'hôtel Saint-Pol.   11
 III. — L'hôtel Fieubet   21
 IV. — Gaspard de Fieubet, magistrat et poète.   35
  V. — Fieubet : les Souvenirs.   49
 VI. — Fieubet : les Camaldules.   55
VII. — L'hôtel Fieubet jusqu'à nos jours. — L'École Massillon . . .   65

II. — TABLE DES PLANCHES

Vue de la perspective de l'hôtel Fieubet.   26
Portrait de Gaspard de Fieubet   34
Le quai des Célestins au xviie siècle.   48
Vue actuelle de l'École Massillon   64

Ces photogravures sont de MM. E. Pirou, P. Arents et Dorval.

Achevé d'imprimer
le XXX de septembre M DCCC LXXXII
pour A. SAUTON, libraire,
rue du Bac, 41, à Paris.